培训师 21 项技能修炼

第 3 版

段烨 著

上

精湛课程开发

民主与建设出版社
·北京·

© 民主与建设出版社，2025

图书在版编目（CIP）数据

培训师21项技能修炼. 上，精湛课程开发 / 段烨著. 3版. -- 北京：民主与建设出版社，2025.6. -- ISBN 978-7-5139-4934-7

I . F272.92

中国国家版本馆CIP数据核字第2025H5E642号

培训师21项技能修炼（上）：精湛课程开发（第3版）
PEIXUNSHI 21 XIANG JINENG XIULIAN（SHANG）:JINGZHAN KECHENG KAIFA（DI-3BAN）

著　　者	段　烨
责任编辑	刘　芳
封面设计	济南新艺书文化
出版发行	民主与建设出版社有限责任公司
电　　话	（010）59417749　59419778
社　　址	北京市朝阳区宏泰东街远洋万和南区伍号公馆4层
邮　　编	100102
印　　刷	文畅阁印刷有限公司
版　　次	2025年6月第1版
印　　次	2025年6月第1次印刷
开　　本	787毫米×1092毫米　1/16
印　　张	16
字　　数	192千字
书　　号	ISBN 978-7-5139-4934-7
定　　价	68.00元

注：如有印、装质量问题，请与出版社联系。

目 录

前 言　再出发，是一次修行

第一章　寻根问底
培训需求调查的流程和方法

如何做好需求调查？如何掌握学员真正的需求？如何运用各种工具调查需求？

一、培训需求调查存在的问题 / 003
  1. 忽视培训需求调查 / 003
  2. 培训需求调查存在的主要问题 / 006
  3. 培训需求调查存在问题的 4 个原因 / 006

二、培训需求调查的管理学原理和作用 / 010
  1. 培训需求调查的管理学原理 / 010
  2. 培训需求调查的 3 个作用 / 010

三、培训需求调查的类型和流程 / 011
  1. 培训需求调查的 3 种类型 / 011
  2. 培训需求调查的基本流程 / 022

四、培训需求调查的方法和主要内容 / 022
  1. 培训需求调查的方法 / 022
  2. 培训需求调查的两项重点内容 / 023

五、培训需求调查分析——确定目标 / 024

1. 确定培训目标的原则 / 024
2. 确定培训目标的方法 / 025
3. 培训目标包含的基本内容 / 026

六、课程名称设计方法 / 026

1. 设计课程名称的意义 / 026
2. 设计课程名称的流程 / 027
3. 规范的课程名称要求 / 027
4. 不规范的课程名称及规范的课程名称示例 / 028

七、关于培训需求调查的答疑及工具 / 029

1. 关于培训需求调查的 5 个疑问 / 029
2. 关于培训需求调查的工具 / 030

第二章　逻辑清晰
课程结构设计的模型和工具

如何开发课程？如何设计课程结构？如何充实课程内容？如何拥有自己的核心课程体系？什么是 PRM 课程开发模型？如何运用 PRM 模型开发课程？

一、结构混乱的表现 / 037

1. 结构混乱的典型案例 / 037
2. 结构设计的常见问题 / 038

二、结构设计的管理学原理和作用 / 038

1. 结构设计的管理学原理 / 038
2. 结构设计的作用 / 039

三、课程结构化的具体流程和方法 / 040

1. 结构设计的依据 / 040

2. 结构设计的流程 / 042

3. 结构化设计步骤 / 044

4. 结构设计的常用模式及选择依据 / 046

四、PRM 课程开发模型及示例 / 055

1. PRM 课程开发模型 / 055

2. PRM 课程开发举例 / 057

3. PRM 课程开发模型完整案例 / 060

五、关于课程开发的答疑及工具 / 063

1. 关于课程开发的疑问 / 063

2. 关于课程开发的 3 个工具 / 064

第三章　一鸣惊人
开场白的设计原则和方法

如何在最短的时间内吸引学员？如何抓住学员的注意力？如何树立讲台权威？

一、错误的开场导入 / 069

1. 没有开场白的典型案例 / 069

2. 常见的错误开场白 / 070

二、开场白设计的管理学原理和作用 / 076

1. 开场白设计的管理学原理 / 076

2. 设计开场白的作用 / 077

三、开场白的设计原则和方法 / 078

1. 开场白设计的 3 个原则 / 078

2. 常用的 9 种开场白 / 079

四、关于开场白设计的答疑及工具 / 089

1. 关于开场白设计的 5 个疑问 / 089
2. 关于开场白设计的工具 / 091

第四章　丰富多彩
案例组织的原则和方法

如何选择案例？如何组织案例？如何阐述案例？如何让案例辅助论证？

一、案例不当的 4 个常见问题 / 097
  1. 案例无典型性 / 097
  2. 案例陈旧 / 098
  3. 案例不能证明观点 / 099
  4. 细节经不起推敲 / 099

二、案例设置的管理学原理和作用 / 100
  1. 案例设置的管理学原理 / 100
  2. 设置案例的作用 / 102

三、案例设置的原则和方法 / 102
  1. 选择案例的 4 个原则 / 102
  2. 案例的 3 个来源 / 103
  3. 案例加工的原则和思路 / 110
  4. 案例的呈现方式 / 112

四、关于案例设置的答疑及工具 / 113
  1. 关于案例设置的 5 个疑问 / 113
  2. 关于案例设置的工具 / 118

目 录

第五章　锦上添花
课件制作的方法和技巧

如何制作适合演示的课件？如何正确运用课件？做好课件的要点是什么？课件要表达什么？

一、课件制作中常见的 3 个问题 / 123
　　1. 课件单一不完整 / 123
　　2. 对学习材料的功能认识不清 / 124
　　3. 课件缺乏整体规划 / 124

二、课程"六件套"的制作和整理 / 124
　　1. 课程定位说明书的制作 / 125
　　2. 课程简介的制作 / 127
　　3. 教学指导图的设计 / 128
　　4. 讲师手册的开发 / 129
　　5. 学员手册的制作 / 130
　　6. 考试题库的制作 / 131

三、培训师课件制作的 5 个误区 / 131
　　1. 误区一：过于依赖 PPT / 132
　　2. 误区二：把做 PPT 当成课程开发 / 132
　　3. 误区三：把 PPT 当成提词稿 / 133
　　4. 误区四：不分讲师版与学员版 / 133
　　5. 误区五：不懂排版，毫无美感 / 134

四、做好 PPT 的 8 招 / 134
　　1. 第 1 招：课程类 PPT 设计的 1 个标尺及 3 大原则 / 134
　　2. 第 2 招：定义 PPT 的风格 / 137
　　3. 第 3 招：改变行距让文字更容易被看到 / 138
　　4. 第 4 招：又快又好地使用图片 / 138
　　5. 第 5 招：任何时候都需要考虑对齐 / 139
　　6. 第 6 招：让数据图表化 / 141

5

7. 第 7 招：被问要课件怎么办——如何保护文档 / 142
8. 第 8 招：上台前的检查 / 144

第六章　有张有弛
课程重点设计及课堂时间管理

如何让课程重点突出、主次分明？如何防止提前下课或者延迟下课？如何有效地把控课程进展？

一、课程重点设计中存在的问题 / 149
1. 没有重点 / 150
2. 现场把握不好 / 150
3. 课堂时间管理的 7 个问题 / 151

二、课程重点设计的管理学原理和作用 / 155
1. 课程重点设计的管理学原理 / 155
2. 课程重点设计的作用 / 155

三、课程重点设计以及课堂时间管理的方法 / 156
1. 课堂时间管理的 3 个原则 / 156
2. 如何设计重点 / 158
3. 有效管理课堂时间的 7 个方法 / 161

四、关于课堂时间管理的答疑及工具 / 163
1. 关于课堂时间管理的 3 个疑问 / 163
2. 关于课堂时间管理的工具 / 163

第七章　意犹未尽
结尾设计的原则和方法

如何做到有力结尾？如何避免虎头蛇尾？如何在培训结束后促使学员行动？如何让结尾余音绕梁？

一、课程结束时的常见失误 / 167
    1.课程结束失误的典型案例 / 167
    2.课堂结尾不当的表现 / 168

二、课堂结尾的管理学原理和作用 / 171
    1.课堂结尾的管理学原理 / 171
    2.课堂结尾的作用 / 171

三、结尾的科学原则和方法 / 172
    1.结尾的 4 个原则 / 172
    2.结尾常用的 10 种方法 / 173

四、关于课堂结尾的答疑及工具 / 182
    1.关于课堂结尾的 4 个疑问 / 182
    2.关于课堂结尾的工具 / 183

第八章　浑然一体
课程链接的方法和技巧

如何将所讲的内容紧密衔接起来？如何建立自然的过渡？如何让培训形成一个整体？如何让整个培训逻辑清楚？

一、课程松散的表现 / 187
    1.课程松散的典型案例 / 187
    2.课程松散的典型表现 / 188
    3.课程松散的原因 / 188

二、课程链接的管理学原理和作用 / 188
    1.课程链接的管理学原理 / 188
    2.课程链接的作用 / 189

三、课程链接的原则和方法 / 190

1. 课程链接的原则 / 190

2. 课程内容设计中的链接 / 190

3. 授课过程中的链接 / 194

四、关于课程链接的答疑及工具 / 201

1. 关于课程链接的两个疑问 / 201

2. 关于课程链接的工具 / 202

第九章　直面挑战
在线课程开发的方法和技巧

在线课程的主题如何确定？让课程内容丰富的技巧是什么？如何呈现更好的视觉效果？

一、在线课程的常见问题和优势 / 207

1. 在线课程开发5类常见问题 / 207

2. 在线课程的3个优势 / 208

二、在线课程教学主题的确定 / 208

1. 理清课程方向 / 208

2. 明确课程对象 / 209

3. 制定课程目标 / 210

三、在线课程教学内容的组织 / 212

1. 通过3个方法来定标题 / 212

2. 如何组织在线课程教学内容 / 212

3. 内容结构化的方法 / 213

4. 在线课程常用的结构形式 / 214

5. 课程内容丰富化的两种方法 / 214

6. 在线课程如何有好的视觉感 / 216

四、关于在线课程开发的答疑及工具 / 217

1. 关于在线课程开发的两个疑问 / 217
2. 关于在线课程开发的工具 / 218

第十章 与时俱进
AI 在培训师培训教学中的应用

如何使用 AI 进行数据收集？用 AI 开发课程的优势有哪些？有哪些好用的 AI 工具？

一、AI 培训需求调研的优势：精准定位，个性化定制 / 223

1. 数据收集与分析 / 223
2. 个性化培训方案制定 / 224

二、AI 培训课程开发的优势：智能推荐，高效设计 / 227

1. 智能推荐学习资源 / 227
2. 互动式学习体验 / 228

三、AI 培训授课的优势：个性化教学，实时互动 / 230

1. 实现个性化教学 / 230
2. 随时互动与答疑 / 231

四、AI 培训效果分析的优势：数据驱动，持续优化 / 233

1. 更好实现柯氏四级培训效果数据的采集及分析 / 234
2. 数据采集与分析 / 235
3. 持续优化与改进 / 237

五、关于 AI 教学的答疑 / 239

前　言

再出发,是一次修行

有人说"书籍再版就是装修"。这本书又到了"装修"的时候。

2011年《培训师的21项技能修炼》(后文统称《21项技能修炼》)出版发行,那时是合订本;2014年,该书第一次升级改版,变成了上下册。2014年到现在已经十余年,这十余年中国社会发生了翻天覆地的变化,培训行业也发生了巨大的变化。十余年来,培训领域一波又一波新理论、新工具相继诞生又相继消失,一批又一批培训师不断涌现也不断消失,而《21项技能修炼》一版再版,持续畅销十余年。十余年,再一次见面,只不过,这一次,是翻新过再见面。

本次再版,主要变化在以下几个方面。

第一,整体的变化,主要体现在4个章节上。

上册还是10章。保留了8章:"寻根问底:培训需求调查的流程和方法""逻辑清晰:课程结构设计的模型和工具""一鸣惊人:开场白的设计原则和方法""丰富多彩:案例组织的原则和方法""锦上添花：课件制作的方法和技巧""有张有弛：课程重点设计及课堂时间管理""意犹未尽：结尾设计的原则和方法""浑然一体：课程链接的方法和技巧"；删除了两章；新增了"直面挑战：在线课程开发的方法和技巧"和"与时俱进：AI在培训师培训教学中的应用"两章，主要是为适应培训行业新的发展需求。

13年前，在线课程还算是"养在深闺人未识"，现在，在线课程交付已经是培训行业常态，是培训师必须掌握的基本技能。最近AI的兴起，给培训师带来巨大的挑战，也带来前所未有的机遇，如何认识AI和借助AI工具，是培训师面临的重要课题。

下册内容也有变化。保留的9章为"偏向虎山行：应对紧张的方法和技巧""先入为主：塑造专业形象的方法和技巧""激情燃烧：精彩互动的原则和方法""灵活应变：现场控制的方法和技巧""迎刃而解：处理问题的专业技巧""铿锵有力：语言表达的提升方法""魅力展示：发音的专业训练方法""讲台风范：身体语言的规范表达""科学评价：培训效果的评估方法"。内容变化的两章为"点石成金：科学的反馈及指导技术"和"烘托渲染：培训现场的场景打造"。

"点石成金：科学的反馈及指导技术"这章是全新的内容。企业培训师已经从最初的"讲师"发展到真正的"培训师"，引导学员进行实操训练演练是培训过程中必不可少的环节。既然有训练演练环节，就需要培训师对学员提供反馈和指导，可以说这是企业培训师的核心技能，也是所谓传统TTT（Training the Trainer to Train，培训培训师）无法涉及的内容。这部分内容来自版权课程"建构主义7S共创式教学"。

"烘托渲染：培训现场的场景打造"这章与以前的内容相比，发生了较大的变化：以前侧重于培训管理，主要阅读对象是培训现场的助教或者班主任；现做了较大幅度的修改，为培训师提供场景打造的具体方法，助力培训师达成培训效果。

第二，局部的变化，主要是案例变化。

与上一版相比，新版每一个章节的案例都发生了变化，这也是本次再版的主要原因。

案例的作用是激活旧知，有时效性的案例必须与时俱进，没有时效性的案例予以保留。一切遵循"内容为王"，而不是"为变而变"。

就像第一版出版的时候那样，对于再版我内心依然忐忑。

2006年，我正式入行，成为职业培训师，到2011年在培训行业应该还算是一个"菜鸟"。当时化用了郭德纲的"非著名相声演员"，我自称为"非著名培训师"。倒不是我谦虚，而是真的内心忐忑。没有想到该书出版后受到业界欢迎。2014年升级为上下册再版。

对于广大读者的喜爱，我真的心存感激。尤其是经常在各种场合遇到拿着书让我签名的伙伴，更令我受宠若惊。

《21项技能修炼》是国内很多企业大学及培训中心培训师的必备教材。在网上书店、线下实体书店，也都能看到《21项技能修炼》的身影。有一次一个伙伴发微信跟我说："段老师，我陪着孩子补课，在社区书店看到你的书。"

还有很多同行也将其推荐给他们的学员。经常有伙伴在朋友圈跟我讲："段老师，我今天讲课又推荐了你的书。"

用很多伙伴的话来说："我们是看着段老师的书成长的。"其实，更应该说，是广大读者陪着我一起成长的。

在此感谢在修订过程中提出了宝贵建议的"鹰隼伙伴"（按照章节的先后顺序）：谢颖、汪文辉、郭刘艳、郭懿琳、陈赛红、田煜、李米娜、谢小语、张兆均、方洁、沈燕、孙岚、吴静、李犇鑫、陈良、孙梅、傅勇、李友玺、朱玲宛、若林、孟祥滨等老师。

书籍的每一次再版就是一次"装修",肯定不完美,也会有遗憾。于我而言,每一次"装修"都是一次成长,更是一次修行。

怀着忐忑之心,真诚感谢所有读者的厚爱,让我们一起再出发。

段烨于湛卢书院

第一章

寻根问底
培训需求调查的流程和方法

ADDIE 小贴士

在 ADDIE 模式[①]中，A（analysis，分析）既包括对学员性格的分析，又包括对学员课程需求的分析，在传统模式中，A 还包括更多的内容，如行业发展、公司背景、岗位任职情况等方面，这种分析为公司开发整个课程体系打下基础。但是在实际的培训过程中，无论是职业培训师，还是企业内部培训师，真正做到这样全面分析的并不多。在具体操作过程中，培训师要根据具体的情况选择分析项目，其中学员的需求调查分析是一个重点，也是一个必需环节。

[①] ADDIE 模式是一种广泛应用于教育和培训领域的教学设计模型，由分析（analysis）、设计（design）、开发（development）、实施（implementation）和评价（evaluation）五个阶段组成。——编者注

第一章 寻根问底
培训需求调查的流程和方法

一、培训需求调查存在的问题

1. 忽视培训需求调查

培训首先要做好需求调查,就像医生治病首先要询问病情一样,才能对症下药。

有些公开课不做需求调查是可以理解的,但是内训,面对的是企业的内部员工,必须对症下药。

没有调查就没有发言权,而现实中,有些在讲台上侃侃而谈、以权威自居的培训师,并没有真正做过需求调查。

如果询问培训相关者(包括培训师、培训机构、企业培训主管、参训学员等)"培训需不需要做需求调查",几乎所有人的回答都是"需要"。

如果接着问"有多少人在培训前真正做了需求调查",很多人就不好意思回答了。

如果继续问"有多少人认为自己的调查真正掌握了学员需求",能回答的人就更少了。

再问"有多少课程是根据需求调查来设计的",回答的人更是寥寥无几。

有一次我给某著名地产公司做课程设计和开发,课程的主题是"如何做一名合格的总经理——战略思维与领导力发展"。

通过前期的沟通,我了解到这是一家在当地非常有实力的以地产开发为核心的集团企业,在全国许多地方都有分公司。他们希望加强管理,提高整个集团的学习力,还构建了"学习地图",为集团的学习和人才培养搭建了基本框架,并且即将成立商学院。和国内众多商学院一样,都是建立了框架,就差内容——系统的课程和讲师队伍。其商学院即将开学,急需开发两门课程,一门给高层管理人员讲如何做高管,一门给中层管理人员讲如何做中层。

前期通过电话沟通进行调研后,我们项目组前往该企业面谈。面谈刚刚开始,该企业的培训负责人就问:"段老师,通过前期的调研,请问你们设计的具体课程内容是什么?"我回答说:"我们前期仅仅对贵企业的背景做了初步了解,还需要进行深入的了解和调查。我们今天来就是做这部分事情的,只有做好了调查,才会有后面的课程内容。"

后来,我们为该企业做了完整的需求调查。如果培训师和企业都不重视需求调查,那么这个重要的环节就有可能被忽略。不过有时候,即使培训师做了需求调查,也还是会有一些问题。

在我们组织的"鹰隼计划"训练营活动中,学员Z老师谈到她经历的一个案例。

Z老师:有一天,我接到某上市公司人力资源部的电话,请我给

第一章 寻根问底
培训需求调查的流程和方法

他们讲授一门课程，按照惯例，要做需求调查。经过调查，我发现，该公司刚请咨询公司做了"绩效管理"的咨询项目，加强了绩效考核，但是公司管理者并没有接受，导致人力资源部推行的新考核制度受到很大程度的抵制，因此想组织一次培训，来提高大家对于绩效考核的认识，从而促进项目的推进。

段烨：这个调查组织得很好，那么培训的主题是什么？

Z老师：在确定主题的时候，他们的培训主管、人力资源经理以及总监都提出了自己的看法，但是意见不一致，当时还进行了激烈的讨论。

培训主管认为，应该讲授"如何做好绩效管理"。他认为大家正是对这个绩效管理的项目没有正确认识，才产生了抵触情绪，应该通过培训来帮助他们提高认识。

人力资源经理认为，应该讲授"管理技能"，因为她明显感到公司管理层缺少基本的管理技能，他们很多是从一线提拔起来的骨干，做具体的业务可以，但是缺乏管理技巧。他们对绩效管理的项目认识的确有些不到位，但更重要的是他们缺乏管理技能，就算认识到了绩效管理的意义，在实际工作中也没有办法完成。

人力资源总监认为，根本原因在于公司管理层对人力资源缺乏正确的认识，所以无法推行绩效管理的相关工作。

经过多次沟通，最后确定主题为"非人力资源经理的人力资源管理"，结合该公司刚刚推行的绩效管理制度，课程内容主要以绩效管理模块为重点，帮助管理层正确地理解和认识人力资源，掌握一些基本的人力资源管理技能，同时兼顾企业其他方面的需求。

段烨：培训进行得顺利吗？

Z老师：不顺利，培训那天，该公司总经理也参加了。在培训中途，这位总经理建议我讲销售，他觉得应该加强销售培训，因为他是销售出身，对销售情有独钟。

段烨：他们的总经理，你有没有沟通？总经理参加这个培训吗？

Z老师：进行需求调查的时候，他们说总经理经常出差，不一定参加培训。

段烨：这就是需求调查的问题了！尽管做了需求调查，还是存在一些问题。

2. 培训需求调查存在的主要问题

① **调查做得不深入**。做了调查，但是流于形式，没有掌握真正的需求。

② **方法单一**。简单地发个需求调查表了事，即便做了调查，也没有效果。

③ **需求调查和讲课内容脱节**。讲授的内容照搬以前的版本，与需求调查无关。

3. 培训需求调查存在问题的4个原因

培训中没有科学的需求调查，原因是多样的。

（1）企业培训管理者的问题

对方：段老师，听说你会讲"情境高尔夫"？

段烨：是的，这是我们的版权课程。

对方：那你给我发个培训大纲吧，我们需要这门课程。

第一章 寻根问底
培训需求调查的流程和方法

段烨:"情境高尔夫"是一种培训模式,包括"向下管理",就是如何管理下属;"向上管理",是指怎么与上司更加顺畅地合作,以圆满地完成工作;"横向管理",也就是跨部门合作,和其他同事有效地沟通、合作。

对方:段老师,请你发个"向下管理"的大纲吧,我想我们需要讲这个。

段烨:"情境高尔夫"的特点之一就是具有针对性,在培训之前需要对培训企业进行需求调查,根据企业的具体情况设计情境,因此我们要做需求调查。我不知道你们企业的具体情况,怎么给你大纲?

对方:没有关系,你先发个曾经讲过的给我看看,我再拿给我们培训总监审查。

面对这种情况,怎么做需求调查?

(2)培训机构的问题

对方:段老师,听说你专门讲TTT,我们的客户刚好有这样的需求,请你把大纲发给我。

段烨:对方是什么需求?

对方:我还不是很清楚。你先把大纲给我,回头我再给你讲详细情况。

段烨:需要讲多少天课的大纲呢?

对方:有几天的?

段烨:半天的、1天的、2天的、3天的、4天的、6天的、8天的都有,你需要哪个?

对方：都给我吧。

段烨：那你准备给对方哪个呢？

对方：都给他，让他自己选。

这有点类似于餐厅里的"菜单"，看似能提供若干选项，却未必能对症下药。面对这种情况，我通常会把"ADDIE培训师的21项修炼"作为整个课程的大纲发给对方，告诉他们，请客户根据自己具体的需求做选择，通常一天是4项。这只是初步调查，等客户确定后，还要再做进一步的调查，以确定重点内容。

（3）培训师的问题

×××公司：××老师，你好，请问你讲销售类的课程吗？我们的客户有这个需求。

××老师：讲呀，讲过很多。

×××公司：××老师，你主要讲销售的哪方面？

××老师：只要是跟销售有关的都会讲，都是相通的嘛。

×××公司：那请问××老师，你擅长讲销售的哪方面呢？

××老师：只要是销售类的都擅长，这个你就不用担心了。除此之外，我还擅长讲人力资源、团队建设和生产管理……这些都是相通的。

×××公司：那××老师你通常讲什么课程呢？

××老师：客户需要什么课程，我就会讲什么课程。

终于提到"客户"了，不过不是"需求"，而是"需要"。

第一章　寻根问底
培训需求调查的流程和方法

对于这种什么都擅长的全能型"大师",我们一般都敬而远之。

（4）调查对象的问题

除了以上三方面原因,调查对象也是影响需求调查质量的重要因素。比如,参训学员不愿意接受调查,认为是多此一举,耽误时间。在他们的印象中,培训就是"学习",直接去教室听讲就可以了,还调查什么呢?

在"情境高尔夫"培训过程中,我们都要收集培训学员的案例,对这些案例进行整理和加工,从而构建符合企业实际情况的情境,培训时就围绕这些情境深入地讨论和学习,确保培训内容与学员实际情况的契合性。这是"情境高尔夫"这种培训模式深受学员欢迎的重要原因之一。但是在实际操作中,我们往往会遇到很多阻力,导致学员不愿意提供案例。

有一次我给某上市药企上"情境高尔夫——向下管理"课程。第二天,一位学员发言了:"唉,我现在最后悔了,当初我们商学院的老师做需求调查,收集工作中的案例,我当时觉得经常参加培训,听听就可以了,还收集什么案例?加上工作忙,就没有提供案例。通过昨天的培训我发现,课程研讨的内容就是我们工作中遇到的问题,唉,其实我在工作中有很多问题,需要大家共同探讨,可惜……我太后悔了。我要求参加下一次'向上管理'的培训,我一定会积极配合需求调查,提供很多案例。"

许多培训界同行都遇到过类似的情况——培训学员以及企业不愿意做需求调查,尤其是企业的内训师,做这样的需求调查不被同事理解,阻力更大。造成这种阻力的一个重要原因是,大家对需求调查的意义和作用理解不够。

二、培训需求调查的管理学原理和作用

1. 培训需求调查的管理学原理

（1）对症下药原理

"对症下药"是培训的基本原则，培训师要根据企业的具体需求设计解决方案。

（2）20/80 法则

20/80 法则又名"帕累托法则""二八定律"等。20/80 法则认为，原因和结果、投入和产出、努力和报酬之间存在不平衡关系，结果、产出或报酬的 80% 取决于 20% 的原因、投入或努力。20/80 法则要求培训师抓住重点，企业存在的问题不是某一方面，而是多方面的，对调查结果要抓住重点。

（3）目标导向原则

培训首先要明确目标。目标从何而来？源于需求调查。关键就是了解学员的需求，掌握学员存在的问题，根据这些情况，进行课程的设计、开发与实施，从而实现培训目标，取得真正培训的效果。

ADDIE 模式中，A 就是"分析"，而分析的最终目的就是确定培训的目标。所以说目标导向原则是培训的第一个原则。

2. 培训需求调查的 3 个作用

（1）确定主题

每家企业都存在这样或那样的问题，而一次培训只能解决一个或者一类问题。到底要先解决哪类问题呢？首先就要通过调查确定主题，

就像医生给病人看病一样，通过诊断确定哪个地方出了问题，为后面的解决方案奠定基础。

（2）确定内容

确定内容，就是提供解决方案，就像开处方一样，通过设置内容来解决存在的问题。

确定主题与确定内容是相互关联的，既可以先后进行，也可以同时进行。

（3）确定目标

确定主题和内容的最终目的是确定培训目标。在整个培训过程中，无论是 ADDIE 模式还是其他模式，培训目标都应该是培训最重要的依据，不管是在课程开发阶段还是授课阶段，培训师一定要不断地问自己"目标是什么"，将目标作为指导培训的依据和标准。

当你爬梯子的时候，首先要确保你的梯子搭对地方；当你准备培训的时候，首先要确保你的目标是确定的。前文提到的"非人力资源经理的人力资源管理"案例，培训不顺利的一个原因，就是需求调查所获得的需求与实际需求不一致，继而导致培训目标出现偏差。

所以，调查最根本的作用就是确定目标。

三、培训需求调查的类型和流程

1. 培训需求调查的 3 种类型

根据需求调查的目的，可以将需求调查分为 3 种类型。

（1）类型1：没有限定范围，需要做全面调查

即并不确定主题，或者是主题不明确，要通过需求调查来得出主题。这种类型的需求调查，要做两次：第一次，确定主题；第二次，确定内容。

在医院里常出现下面这种情况。

患者：医生，我最近身体不舒服，请帮我看看。

医生：哪里不舒服？

患者：我全身都不舒服。

医生：主要症状是什么？

患者：我症状很多。

医生：那好，从头部开始讲起。

患者：我自己说不清楚，你帮我检查一下吧。

医生：好的，那需要做个全身检查。首先做血常规检查，接着做CT，然后做彩超……

这和在培训中出现的下面这种情况类似。

企业培训主管：老师，我们的企业管理出现问题了，请帮我们培训一下吧。

培训师：你们管理中哪些地方出了问题？

企业培训主管：我觉得每个地方都有问题。

培训师：能不能讲讲，你对哪些地方不满意？

企业培训主管：我觉得都不满意，都存在问题。

培训师：这样的话我们需要对企业做整体的调查，要对企业战略文化、组织结构、研发、设计、采购、生产、营销、财务、人力资源等各个方面进行深入的了解。

这种情况需要对企业进行全面系统的调查，这通常是"咨询"要做的工作，一般的培训不需要这么全面。但是在培训管理规范的企业，这样全面的调查也很常见。通常培训师在年底，为了制订第二年的整体培训计划，需要进行全面调查。这种调查通常是企业培训部门所做的事情。

企业培训师通常做的是下面两种类型的调查。

（2）类型2：先限定范围，再做需求调查，目的是确定主题

患者：医生，我头痛，请帮我治一治。

医生：你头痛？

患者：是的，我头很痛。

医生：痛了多久了？

患者：痛了一周了。

医生：你给我讲讲，有哪些症状？

患者：我说不清楚，就是头痛。

医生：还有其他部位不舒服吗？

患者：没有，只有头痛。

…………

医生：好，情况大概明白了，可能是感冒引起的头痛。一方面需要验血，看是否有病毒；另一方面，要做个头部CT，看是否有器质性损伤。

这就是有一定范围后再进行调查，培训中常用的就是这种类型。

企业管理者：我们普遍感觉最近士气比较低落，想做个培训。

培训师：整个团队的士气都很低落？

企业管理者：是的。大家感觉工作热情和团队凝聚力不强。

培训师：除此之外，你觉得还有什么不满意？

企业管理者：就是这点。

培训师：那好，我们来调查一下团队士气低落的原因。以下这些问题，需要我们深入沟通……

这样的培训往往是"头痛医头，脚痛医脚"，也许不能从整体上解决问题，但是至少比"头痛医脚，脚痛医头"要好。

如果想从整体上解决问题，要么进行系统的培训，要么采用咨询的方式。

到底应该如何确定培训主题呢？通常采用的思路是"大胆假设—小心求证"，这是麦肯锡公司的法宝。我们在此基础之上加一点，变为"大胆假设—小心求证—确定主题"。

① **大胆假设**。就是在确定主题以前，首先假设产生不良状况的原因是什么。

② **小心求证**。通过需求调查验证产生这种状况的原因是否就是假设的原因。

③ **确定主题**。根据培训需求调查得出原因，设计解决方案，从而确定主题。

需求调查后，通常会存在3种情况。

a.假设的原因刚好就是根本原因，是问题所在。

b.假设的原因是问题的重要原因，但是产生该状况还有其他原因。

c.假设的原因虽然相关，但不是根本原因，该状况主要是由其他原因造成的。

我们通过情景模拟的方式来理解以上3种情况。

一家企业的培训负责人感觉他们的员工士气低落，打算做一个激发员工士气的培训。到底讲什么内容呢？需要做需求调查。

企业管理者：我们普遍感觉最近士气比较低落，想做个培训。

培训师：除此之外，你觉得还有什么不满意？

企业管理者：就是这点。

培训师：那好，我们来调查一下团队士气低落的原因。通常团队士气低落有以下几种原因，你看看你们属于哪种。

- 成绩得不到认可。取得了很多成绩，却没有得到相应的认可和承认。
- 一时看不到成功的希望。目标制定存在一定的问题，干了很久，发现目标太远了，总感觉离最后的成功很遥远。
- 遭遇重大挫折。遇到很难解决的问题和障碍，一时找不到解决的办法。
- 缺乏团队合作的氛围，相互拖后腿，产生了内部消耗。
- 缺乏足够的领导力，团队中没有主心骨，无法领导和激励大家。

然后，我们开始大胆假设。

情况1：假设的原因刚好就是问题所在。

企业管理者：对，我感觉这几种情况都存在，就是这些问题让大家士气低落。

培训师：好，那你就此举例说说。

企业管理者：好的。比如说，第一，……

结论：该企业存在的问题是士气低落，提供的解决方案是"通过对五个方面的逐项训练，解决实际存在的问题，从而激发团队士气"，主题是"提升五项修炼，激发团队士气"。

情况2：假设的原因是问题的重要原因。

企业管理者：我觉得主要是第五个原因，缺乏足够的领导力。

培训师：为什么呢？

企业管理者：大家都觉得我们现在的领导能力不行。

培训师：你举个例子描述一下，你们领导哪里能力不行。

企业管理者：比如，平时他总是低头干事，很少和我们沟通，我们遇到什么问题去找他，他总是推托。

培训师：还有呢？

企业管理者：还有就是他不懂得鼓励我们，一说话就是骂人，我们都躲着他，私下里都不服他。

培训师：为什么呢？

企业管理者：他是刚被提拔上来的，以前没有当过领导。

结论：看来这个领导缺乏管理能力。团队士气低落，是因为这个领导欠缺领导力，那么重点就在领导力培训上。

这时候可以给对方两个方案。

① **主题不变，但是将这个重要原因作为重点**。比如，继续以"激

第一章 寻根问底
培训需求调查的流程和方法

发团队士气"为主题，但是以提升领导力为重点。因此，培训主题可以设计为"提升领导能力——激发团队士气"。

② 以这个重点因素作为主题。比如，可以安排这个部门的领导参加"领导技能"类培训。

<u>情况3：假设的原因虽然相关，但不是根本原因。</u>

企业管理者：我们整个团队氛围挺好的，领导也很有能力，大家都相信他。最近也没有遇到大的问题，工作还是在推进，但是最近公司的薪酬制度调整了，大家越干越没有信心。

培训师：你能不能详细描述一下？

企业管理者：是这样的，最近我们推行新的薪酬制度，对大家的收入影响很大。

培训师：有多大？

企业管理者：大家的整体收入都降低了。

看来真正的原因是薪酬制度调整影响了团队士气，但薪酬制度的调整是培训改变不了的，就算组织一次"激发团队士气"的培训，意义也不大。因此应该更换新的主题，解决根本问题。

在具体的培训工作中，现实情况往往比以上案例更为复杂：一是因为导致一些不良现象的原因很多，并不仅仅是某一个原因；二是很多时候并不能轻易找到原因，就算找到了原因，也不能确定这就是根本原因。这就需要培训师有火眼金睛，能透过现象看本质。

有一次我接到某著名移动通信公司培训负责人的需求，他们公司要做一个"情境高尔夫——向下管理"的培训，以下是我与他们负责人杨经理的访谈记录（节选）。

段烨：杨经理，你好，请问本次培训的背景是什么，为什么要选择"情境高尔夫"这样的培训模式？

杨经理：是这样的，我们是一家移动通信公司，在本行业市场占有率最高。我们也一直重视培训，除了集团总部以外，我们自己也要组织很多培训，可以这么说，市面上比较知名的培训课程我们都上过了。我们的同事对培训也比较熟悉，甚至算是内行，所以有些不太支持培训，我们的组织工作难度很大。因此，我们想寻找一种新型的培训模式，既能激发大家的学习兴趣，又能产生真正的效果。我们也听说过这种叫"高尔夫"的培训模式，深入了解后发现有几个流派，后来我们就选择了"情境高尔夫"。

段烨：谢谢你的信任。现在我们讨论一下，确定培训的主题。"情境高尔夫"是一种培训模式，而不是一门课程，可以根据具体的需求设计不同的主题。

杨经理：段老师，通常有哪些主题呢？

段烨："情境高尔夫——向下管理"指的是管理者如何管理和领导下属，完成相应的任务，这个主要针对中基层管理者；"情境高尔夫——向上管理"指的是管理者如何理解和配合上司，共同完成工作，这个主题实际上适合每个人，因为每个人都需要和上司合作，但通常是中层管理者如何做好上司的左右手，所以中层参加得多；另外还有"情境高尔夫——横向管理""情境高尔夫——领导力修炼""情境高尔夫——教练型领导"等，当然还可以根据具体需求设计相应的课程。我们的课程是按照ADDIE模式设计的。

杨经理：照你这么讲，好像我们都需要呢！

段烨：嗯，是好像都需要，但是每次课程只能设定一个主题。

杨经理：那怎么设定一个主题呢？

第一章 寻根问底
培训需求调查的流程和方法

段烨：咱们这次的培训对象是谁？

杨经理：三级经理和二级经理，主要是三级经理，他们人数更多。

段烨：那你觉得他们目前最欠缺的是什么呢？或者说，从公司角度，对他们哪些地方不太满意？

杨经理：主要还是他们的绩效完成度不太好，尤其是在绩效管理方面存在不足，我们去年推行新的绩效管理制度，结果他们好像不太配合，不够支持。

段烨：你们在推行新的绩效管理制度？找咨询公司做的？

杨经理：是的，去年就完成了，也组织过相应的培训，但是总体感觉大家都不太配合，还有很多怨言，甚至有的公开抵触，尤其是咨询公司撤场后，推行起来就更难了。但是必须推行，因为这是整个公司的重要项目。

段烨：哦，那我们可以把"绩效管理"定为本次培训的主题。

杨经理："情境高尔夫"可以用这样的主题吗？

段烨：当然可以，我刚才说过，"情境高尔夫"是一种培训模式，主题可以根据具体需求来设定。我们给你们同行业的企业也做过。

杨经理：哦，太好了，本来我们准备请老师专门讲绩效管理，但是害怕用传统的方式大家不接受。

段烨：那好，咱们就暂定这个主题，还要进行相应的需求调研，以及取得公司高层的认可和理解。

后来经过深入的沟通和调研，主题确定为"情境高尔夫——绩效管理"。我们给该公司所有三级经理和二级经理做了12期的培训，获得客户高度评价。

开始时，他们由于不了解需求，打算上"向下管理"，通过调研后，确定为"绩效管理"。两者还是有很大差别的，可见需求调查的重要性。

（3）类型3：主题已确定，要确定具体的内容

已确定了培训的主题，调查的目的是要找到原因并确定课程内容。

通常讲的培训中的需求调查其实就是这种情况。对于企业内部培训师来说，这叫"培训任务"；对于职业培训师来说，这叫"培训需求"。接到这样的培训任务或者培训需求，培训师要做的就是确定培训内容。如何确定？通过需求调查确定。

一家著名集团公司的培训主管跟我联系，要请我讲"情境高尔夫——向下管理"。已经确定了培训主题和培训模式，需要做的就是确定内容。

因此，我需要进行三方面的培训需求调查：一是培训背景调查，二是培训内容调查，三是案例收集。前两种调查主要采用两种方式：一是问卷调查，包括培训背景调查表和培训内容调查表；二是访谈法，了解培训背景以及具体的需求。案例收集则采用案例收集法，让参训学员按照标准模板提供案例，然后将案例反馈的内容经过加工变成情境高尔夫的具体内容。调查对象是该企业的人力资源部邓经理。

段烨：邓经理，你们计划做"向下管理"，你能简单给我介绍一下背景吗？为什么计划做这个培训？

邓经理：集团公司曾经组织我们参加过课程的培训，我觉得效果很好，是真正的实战培训。我们另外一家分公司几个月前也请你讲过"情境高尔夫"课程，他们也觉得效果非常好，特别向我们推荐你的课程，所以我们找到了你。

第一章　寻根问底
培训需求调查的流程和方法

段烨：为什么要计划开"向下管理"这个课程呢？

邓经理：我们是一家大型的集团公司，被一家央企兼并重组，现在对管理层的要求比以前更高了，管理者的能力有些跟不上。同时，很多管理者都是从一线提拔的，他们都是业务方面的骨干，专业能力很强，但是缺乏管理技能，尤其是对于如何管理下属，存在很多问题和困惑。所以我们想做"向下管理"的培训。

段烨：好，高尔夫课程是一个培训前、培训中、培训后相结合的课程，因此我们需要做深入的了解，主要包括两点：一是目前参训学员的一些情况，包括岗位、学历、工作年限，以及其他的个人情况，对此有一份"培训背景调查表"要辛苦你填一下；二是关于高尔夫18洞的具体案例，企业不一样，这18洞也不一样，这一项更加复杂，也要辛苦你填写一份调查表。同时，还需要组织参训学员，请他们提供工作中的案例，我们再将这些案例进行整理和加工。这个工作比较复杂，需要辛苦你。

邓经理：我们不怕辛苦，只怕没有效果。只要有效果，我们当然愿意配合。

段烨：好，我这里还有案例模板，提供给参训学员，他们就可以提供相应的案例了。我们把这几个调查表做好之后，还要确定具体的案例，目的是确定培训的内容。

…………

这就是确定主题的需求调查，调查的目的是确定授课内容。

这里需要注意以下几点。

第一，虽然已经确定了主题，但是培训师还须再次和对方确认。有的时候主题并非真正"确定"，因此需要再次确认，否则很有可能出现这样的情况——培训师辛辛苦苦备课以后，被告知不讲这个课程了。

第二，确定主题之后，主要的工作是确定课程内容，这时一定要了解一些背景，因为这些背景会对课程内容产生重大影响，甚至背景本身就是课程内容的一部分。

2. 培训需求调查的基本流程

① **确定调查范围和对象**。限制调查的范围——不要太过宽泛，通常会根据培训对象提出的大致范围实施调查。选择调查对象——根据具体情况确定向谁进行调查，调查对象一定要有代表性。

② **确定调查方法和内容**。根据对象的具体情况，结合条件选择相应的调查方法，同时设计调查的内容。

③ **实施调查**。这个过程需要运用各种调查方法。

④ **分析调查结果**。对调查的结果进行深入分析，找到真正的需求。根据 20/80 法则，结合培训对象的负责人确定真正的需求。

⑤ **确定课程内容**。根据调查结果确定课程内容，这就属于内容设计的环节。

四、培训需求调查的方法和主要内容

1. 培训需求调查的方法

培训需求调查和其他调查的方法类似。通常，其他行业的调查方法在培训需求调查中也可以借鉴。基于培训的特殊性，在这里重点介绍以下几种方法，如表 1-1 所示。

表 1-1　需求调查的几种方法

方法	内容	优点	缺点	备注
观察法	现场观察学员的状况	1. 一手资料 2. 真实反应 3. 深入现场	1. 观察对象少 2. 不够全面 3. 对观察者要求高	运用多种感官观察
问卷法	设计调查问卷实施调查	1. 对象多 2. 成本低 3. 时间少	1. 不够真实 2. 不够深入 3. 不能保证问卷回收率	问卷设计要科学合理
访谈法	面对面的访谈交流	1. 内容全面 2. 真实性强 3. 交流深入	1. 对主持者要求较高 2. 很费时 3. 成本高	对象必须具有代表性
考核法	对培训对象进行考核	1. 真实全面 2. 内容深入	1. 操作难度大 2. 容易被抵制	考核内容设计要合理
资料调查法	调查过去的资料档案	1. 容易操作 2. 全面 3. 成本低	1. 不能及时反映变化 2. 需要提炼	资料提供要全面
抽样调查法	抽取具有代表性的人员进行调查	1. 便于操作 2. 成本低	1. 可能存在偏差 2. 对象可能不典型	配合其他方式的一种形式

如何在以上几种方法中选择呢？这要根据各个调查方法的特点，结合实际情况进行选择。通常采用组合式调查法，也就是将几种调查方法结合在一起进行调查。

2. 培训需求调查的两项重点内容

培训需求调查通常包括两项重点内容：一是培训背景调查，包括企业状况、培训目标、学员状况，这些背景对内容设计起指导作用；二是培训内容调查，就是到底该设计什么内容，具体内容要经过调查，真正做到满足需求，而不是闭门造车，想当然地设计。

五、培训需求调查分析——确定目标

通过需求调查确定培训目标，为这个目标设计具体的内容，这就是 ADDIE 模式中 A 的具体含义。

对于培训的目标，业内有 3 种不同的看法：解决问题、提升能力、提高绩效。这 3 个目标从不同的角度出发，关注点有所不同。

解决问题关注某个问题，依据某个问题制订相应的计划，设计培训内容。

提升能力关注人的某项具体能力，比如"执行力"。

提高绩效，就是根据绩效的具体标准，找到差距，然后针对这个差距设计相应的内容，从而提高绩效。

1. 确定培训目标的原则

（1）去伪存真

有时客户不清楚自己的真正需求，类似于病人不清楚自己需要什么样的治疗方案，就像感冒，有风热感冒和风寒感冒，不一样的病因，治疗方案也不一样。培训师就要抓住客户真正的需求。

（2）抓大放小

在调研的时候，调研对象不一样，得到的调查结果肯定不一样，比如调查 50 个学员，他们的需求肯定不一样，那么到底以什么为主要内容呢？基本原则就是照顾大多数，即以大多数人的需求为主。培训师要时时把"大多数人"放在心里，针对大多数人做课程设计和开发。

（3）注意关键人物

在照顾大多数的原则之下，还有一个重要的原则——注意关键人物。关键人物就是会对本次培训产生重大影响的人，可能是培训负责人、人力资源负责人，也可能是公司老总，或者在学员中有影响力的人，他们的意见非常重要。

像前文某移动公司"情境高尔夫——绩效管理"的案例，当时已经跟培训经理谈好了，最后还要跟该公司的人力资源负责人以及分管培训的老总确定，否则可能会白干。在我们开办的课程设计与开发工作坊中，有位学员就提到了他失败的一个案例。

他是培训部负责人，通过调查发现员工士气低落，因此组织了一次"激发团队士气"的培训，请了外部的一位老师讲课。原来计划是做两天，开始也得到了公司的批准，但是培训了一天后，公司老总觉得不应该上这个课程，而应该上"提升执行力"的课程，弄得他很难办。

2. 确定培训目标的方法

（1）从问题出发

培训的目的就是解决问题，哪里存在问题，哪里就是培训的目标。比如：高效沟通课程，针对的是培训对象在沟通中存在的问题，培训目标就是解决这些问题。这是目前培训中最常见的目标确定方式，尤其是外聘老师讲课时，就是针对存在的问题设计课程。

（2）从绩效出发

从绩效的角度去考察学员存在什么不足，然后针对这些不足设计相应的培训课程。这种方式更加具有规范性，比从问题出发的角度更深入、更客观。

（3）从能力出发

从能力出发是为解决深层次的问题，也可以说是从根本上找原因。员工在工作中存在问题，或者绩效不高，最根本的原因就是能力问题。

3. 培训目标包含的基本内容

无论培训的具体目标是什么，最后都可以归纳为三个方面的内容——知识的传播、态度的转变、技能的提升，这也就是培训的基本职能。

六、课程名称设计方法

通过需求调查确定主题和培训的目标后，还需要确定具体的课程名称。

1. 设计课程名称的意义

给课程设计一个既专业又有吸引力的名称，是课程开发中的一个重要环节。一个好名字是塑造一个好品牌的基础。

课程名称的设计并不固定在某个时间段，可以在主题确定后设计，可以在内容设置后设计，可以在结构模式确定后设计，也可以在PPT制作过程中设计。

2. 设计课程名称的流程

① **明确培训对象**。对培训师来说，明确了培训对象，可以使备课和授课更有针对性。

② **明确培训主题**。这可以让参训者明确自己是否需要培训。对培训师来说，确定了培训主题才可以设计相应的内容。

③ **设计课程名称**。根据培训对象和培训主题设计课程名称。名称的结构通常是"主语+谓语"。像"关于新员工入职培训"这种类似"通知"的标题就不合适，可以改为"新员工入职培训"。

3. 规范的课程名称要求

一个好的课程名称要让参训者一目了然：第一，讲什么；第二，给谁讲，包括培训对象和培训主题，让人明白"让谁来学习什么"。对于培训师来说，就是"给什么人讲什么内容"。

标准的课程名称公式：课程名称＝主题＋对象。

就同一个主题，对不同的对象可以讲不同的内容。

如果对象没有确定，如何确定具体的内容呢？

比如"赢在执行"这个课程，如果仅仅看"赢在执行"，可以看出是关于执行的主题，但是对象是谁呢？"执行"这个主题，对于企业高层来说，在于制定执行的制度，建设"赢在执行"的企业文化；对于中层管理者来说，在于制定可以被执行的方案、措施；对于基层员工来说，执行关键在于做事情，把事情完成。如果没有确定培训对象，培训师心里对要讲的内容是没底的，很多时候只能讲一些大而广、缺乏针对性的通用内容，这样必然会影响培训质量。

从这里可以看出，给课程设计名称，表面上看仅仅是取个名字，其实它包括很多内容，本身就是一个课程开发的过程。

4. 不规范的课程名称及规范的课程名称示例

不太规范的课程名称有以下几种类型，如表1-2所示。

表1-2　不规范的课程名称

类型	典型名称	问题所在
有对象无主题型	赢在中层	看得出内容吗？大胆想象会讲什么内容
有主题无对象型	问题的分析与解决	这样的标题看起来很给力，但是仔细一看，讲给谁听的？不可能是讲给每个人的吧
耸人听闻型	马上成功 超级成功学	成功真的那么容易吗
不知所云型	打造百年企业的捷径	有捷径可走还需要100年？猜猜会讲什么
包罗万象型	人力资源管理 营销心理学 财务管理 企业文化	这不是一个课题，而是一个系列课题，甚至是一门学问。几天的培训就能解决这些问题，你不感到有压力吗
唯我独尊型	第一销售秘诀 卓越企业家第一成功法则	自古"文无第一，武无第二"，谁敢称第一？好像成功的企业（家）都是你培训出来的
以偏概全型	赢在执行 细节决定成败	听了这个课程的都会赢？这个课程是决定成败、包治百病的良药吗

规范的课程名称有以下几种类型，如表1-3所示。

表 1-3 规范的课程名称

类型	典型代表	说明
对象+主题	店面人员的职业化修炼 非人力资源经理的人力资源管理 柜员销售技巧培训 中层管理者管理技能训练	对象和内容非常明确
主题+对象+量化	高效能人士的7个习惯 高层管理者的7项修炼	不仅包括主题和对象，还把课程内容量化
一般双标题	概念图思维——创造性完成任务	一个标题不足以表达时，可以用双标题的方式
特色双标题	奥卡姆剃刀——让问题迎刃而解 嵌入式督导——让行动卓有成效	广告语+课程名称，更有吸引力
三标题	情境高尔夫——向下管理：如何有效地管理下属 用最佳培养更佳——举贤授能导师制：企业导师的13项技能	广告词+主题内容+课程价值（对象），信息含量高

七、关于培训需求调查的答疑及工具

1. 关于培训需求调查的 5 个疑问

疑问 1：所有的培训，包括公开课和内训，都需要做需求调查吗？

答：当然，就像你无论去药店还是医院，都要被问症状一样，只不过去药店拿到药和去医院拿到药的过程不一样。公开课和内训的需求调查方法、流程不一样。公开课调查的是"症状"，内训除了看到"症状"，还要找到"病因"。

疑问 2：什么样的调查方法更好？

答：这要看你调查的是什么。就像血压仪和听诊器都有各自的用途一样，每种方法都各有优势。

疑问 3：需要同时用几种调查方法吗？

答：这就像你感冒了，想对身体做个全面检查，当然是可以的，这样会消除你的担心，但是会增加你的成本，花费更多的时间，同时还可能会对身体造成损害。

疑问 4：调查的结果有什么用？

答：就像量血压是为医生开处方、设计治疗方案提供依据一样，培训师要依据调查结果设计培训主题和课程内容，也就是给企业制定"治疗方案"。

疑问 5：如何让调研对象配合？

答：这是培训师尤其是内训师最常见的问题，主要可从以下几个方面做工作：

第一，整个调研活动需要宣导；

第二，调研的内容与对象有关系；

第三，提高培训师的个人魅力。

2. 关于培训需求调查的工具

工具 1：培训主题调查表（见表 1-4）

运用范围：各类培训

目的：找到学员最主要的需求，确定培训主题

适用对象：培训负责人

表 1-4　培训主题调查表

一、你目前最不满意的 3 个现象是什么？ 　　1.＿＿＿＿＿＿　2.＿＿＿＿＿＿　3.＿＿＿＿＿＿
二、你和你的团队面临的最重要的 3 个问题是什么？ 　　1.＿＿＿＿＿＿　2.＿＿＿＿＿＿　3.＿＿＿＿＿＿
三、你最迫切希望解决的问题是什么？
四、你觉得产生这些现象的原因是什么？
五、你觉得最重要的原因是什么？
六、你希望本次培训达到的目标是什么？
七、你希望本次培训的主题是什么？
八、你希望本次重点阐述的内容是什么？
九、你觉得不需要阐述的内容是什么？
十、你希望本次培训的方式是什么？
十一、你还有什么需要补充的问题？

　　说明："培训主题调查表"可以用面谈、电话沟通和问卷调查的方式填写，其中，面谈的效果最好。

工具 2：培训背景调查表（见表 1-5、表 1-6）

运用范围：各类培训

目的：了解学员的具体情况，因材施教

适用对象：培训主管

表1-5 培训背景调查表

一、最近一年是否发生过有影响力的事情？具体是什么事情？
二、你们团队比较独特的地方是什么？
三、参训学员对本次培训的基本态度是： □赞成　　□反对　　□无所谓
四、参训学员以前是否参加过类似培训？ 1. 参加的时间： 2. 培训主题： 3. 参加的人数：
五、这些学员喜欢的培训方式是： □讲解式　　□训练式　　□活动式　　□案例分析式
六、学员状况统计 1. 学员人数 　男（　）人；女（　）人 2. 学历 　本科以下（　）人；本科（　）人；本科以上（　）人 3. 年龄 　30岁以下（　）人；30～40岁（　）人；41～50岁（　）人； 　50岁以上（　）人 4. 工作年限 　5年以下（　）人；5～10年（　）人；10年以上（　）人 5. 相关工作经验 　5年以下（　）人；5～10年（　）人；10年以上（　）人

说明：请如实填写参加本次培训学员的基本情况。

表1-6 学员基本情况调查表

姓名	性别	年龄	岗位	职务	学历	工作经验	其他

工具 3：培训内容调查表（见表 1-7）

适用范围：应急性培训、计划性培训

运用目的：找到培训对象的需求，确定课程内容及主次安排

适用课程：中高层管理技能

表 1-7　培训内容调查表

培训内容	非常需要	需要	不需要
1. 个人时间管理的方法			
2. 要事第一的做事原则			
3. 有效的会议管理原则			
4. 提高组织会议效率的方法			
5. 科学判断的方法			
6. 科学决策			
7. 有效授权			
8. 目标管理原则			
9. 计划管理			
10. 书面沟通技巧			
11. 口头沟通技巧			
12. 沟通原则			
13. 科学激励的原则			
14. 正激励的技巧			
15. 激励的时机			
16. 如何选择团队成员			
17. 如何激发团队士气			

（续表）

培训内容	非常需要	需要	不需要
18. 如何处理团队冲突			
19. 如何营造团队氛围			
20. 掌握团队成员个性			
21. 塑造自己的管理风格			
22. 提升执行力			
23. 当众讲话的技巧			
24. 培养积极的态度			
25. 提升学习能力			
其他（自行补充）			

说明：

1."非常需要"，2分；"需要"，1分；"不需要"，0分。按照加权得分排序，作为课程内容主次安排的依据。

2.这个调查表用于"管理技能"课程所做的调查。如果是类似的课程可以借鉴，如果是讲授其他课程，也可以参考这种方式自行设计调查表。

本章小结

1. 学习要点

① 掌握培训需求调查的意义和作用；

② 掌握培训需求调查的流程和方法。

2. 课后作业

① 结合自己的课程设计调查方法；

② 总结自己在培训需求调查中存在的不足。

第二章

逻辑清晰
课程结构设计的模型和工具

ADDIE 小贴士

根据 ADDIE 模式，A 做需求分析，确定培训目标。接下来就需要设计整个课程的结构，也就是整个课程的大致框架，类似于建筑物的结构图。该模式中的两个 D 其实是紧密结合的，第一个 D（design）是结构设计，第二个 D（development）是内容开发。结构加上内容才是一个完整的课程，因此统称"课程开发"。只是根据课程的先后顺序，加上课程开发中最常见的问题是结构混乱，所以本书专门将结构设计单列出来做深入阐述。

此外，结构设计也应该贯穿每个环节，包括课程内容和授课方式等。本书为阐述方便，主要涉及结构设计和模块设计。

第二章　逻辑清晰
课程结构设计的模型和工具

一、结构混乱的表现

1. 结构混乱的典型案例

有一次我给某银行企业讲TTT，学员都带了自己的课件，在授课过程中，我要求大家用金字塔原理将课程的主要结构展示出来，但是很多学员并不会展示。原来大家对于课程内容不熟悉，有的课程是公司现成的，内训师只管讲，并未对内容进行深入分析。有的学员虽是自己开发的课程，但靠的是百度，也就是接到公司的培训任务，先上百度去搜索，然后将相关内容拼凑起来。这种课程被我称为"火锅式课程"，它们谈不上结构化。

授课过程中，我发现大家存在一个相同的问题：缺乏开发课程的思路和流程，没有完整的逻辑结构，不能有效运用"电梯时间"[①]将课程呈现出来。

---

① 麦肯锡30秒电梯法则。

2. 结构设计的常见问题

（1）需求调查不明，内容不规范

培训师没有真正掌握学员的需求，只是按照自己的想法和思路去做，不知道重点是什么，也不知道如何设计结构。

（2）结构混乱，或者没有结构

每次 TTT，我都会让学员先用 1 分钟时间把自己要讲的内容介绍清楚，但是很少有人能做到，这说明他们的课程结构是混乱的，所以说不清楚。

（3）逻辑不清楚、层次不明确、主次不分明

逻辑不清楚：整个课程体系缺乏条理性，出现以偏概全、归因错误、逻辑倒错等问题。层次不明确：课程主要内容之间关系比较混乱，没有处理好课程主要内容分为几个模块、每个模块如何展开、模块之间是什么关系、课程内容按照什么样的方式排序这些问题。主次不分明：课程几个模块内容用时一致，分不清主次。如果每个都是重点，那么就等于没有重点。

二、结构设计的管理学原理和作用

1. 结构设计的管理学原理

（1）金字塔原理

金字塔原理（The Pyramid Principle），20 世纪 60 年代由麦肯锡国

际管理咨询公司（以下简称"麦肯锡公司"）的咨询顾问芭芭拉·明托（Barbara Minto）提出，旨在阐述写作过程的组织原理，提倡按照读者的阅读习惯改善写作效果。培训师在结构设计时可以参考金字塔原理。

（2）电梯时间

"电梯时间"是麦肯锡公司衡量表达效果的一个重要手段和指标。它要求叙述者在30秒内，把自己要讲的内容简单明了地表达出来，便于大家理解。

电梯时间的模式如下。

我今天给大家分享的主题是……，我将分以下三个部分进行阐述。

第一部分：开场。

第二部分：正文。

第三部分：结尾。

正文是重点，我将从四个方面进行阐述。第一方面……，第二方面……，第三方面……，第四方面……

每次培训前，培训师都要试着用电梯时间对内容进行总结和概括，如果概括不出来，说明逻辑有问题，结构上也有不合理的地方。

2. 结构设计的作用

（1）让内容逻辑清楚，便于表达

从表达者的角度看，结构化便于表达者按照某种符合逻辑关系的方式，把内容有效地表达出来。如果结构是混乱的，就会导致思路混乱，表达就会出现问题。

（2）让内容便于理解

从听众的角度看，结构合理、逻辑清晰的内容，能帮助学员更加充分地理解和接受培训内容。结构图如同旅游地图，能帮助学员更好地掌握培训内容，取得更好的效果。就像导游在旅游刚开始时要向游客进行整体介绍一样，在正式授课的时候，培训师通常要对整个课程进行简单的介绍，让学员对其有大致的了解。

总之，结构设计使讲者"思路清晰，表达流畅"，使听者"简单易懂，有效理解"。

三、课程结构化的具体流程和方法

1. 结构设计的依据

结构设计的流程和步骤，主要依据有三点：第一，需求调查所获得的信息；第二，培训师的经验；第三，5W2H。

（1）需求调查所获得的信息

在ADDIE模式中，第一个D是直接来源于A的，实际上在需求调查的部分，设计的调查内容已经具有某种逻辑性，尤其是涉及具体内容的时候，其本身就具有某种逻辑性。

在和企业合作TTT系列内容的时候，做完前期调研之后，需要确定学员的具体需求，我通常会提供3个版本的内容：一个版本是课程开发的内容，也就是ADDIE中的A、D、D部分，一共10项内容；一

第二章 逻辑清晰
课程结构设计的模型和工具

个版本是 ADDIE 中的 I、E 部分,也就是现场呈现的部分,一共 11 项内容;一个版本是 ADDIE 的完整版,一共 21 项内容,这包括了课程设计开发以及实施,也是本书的原型。

这些内容本身就具有逻辑性,学员选择后,可以按照自然逻辑设计结构。

(2)培训师的经验

学员的需求是重要因素,同时还要结合培训师自己的知识基础,以及专业的培训经验。因为学员的需求并非完全一致,这就要结合培训师的经验,进行取舍。

在给企业提供的 TTT 三个版本中,我在设计各个模块时,除了结合学员的需求以及长期授课的经验,还要对内容进行适当调整。

同时,培训师还要根据需求调查及自己的经验,对课程的重点进行设计。通常我在每次 TTT 授课之前,会再对学员进行许多调查,进而设计本次课程的重点。所以,如前文所说,需求调查也是贯穿始终的。

(3)5W2H

这是课程结构设计中最常用的思路,也是一些通用类课程,尤其是"技能类"课程最基本的开发思路。这种思路是人们惯用的,所以也容易被大家理解。

5W2H 指的是以下内容。

what(什么,指具体的内容和概念)
why(为什么,指课程的目的和意义)

who（谁，指培训对象）

when（时间，指课程的整个时间安排）

where（地方，指培训的具体场所、场合）

how do（怎么做，指具体的操作方法）

how much（多少）

5W2H包括了一个课程应具有的整体内容。不过，在课程和结构设计中，通常用得最多的是2W1H，即why、what和how。

2W1H模式是开发"微课程"时最常用的。"微课程"通常指的是半个小时到一个小时之间的课程。这是很多企业内部最常见的一种课程。

有一次给一家快消品上市公司做课程开发，其中一个学员讲的就是"如何提高客户拜访技巧"的微课程。如图2-1所示。

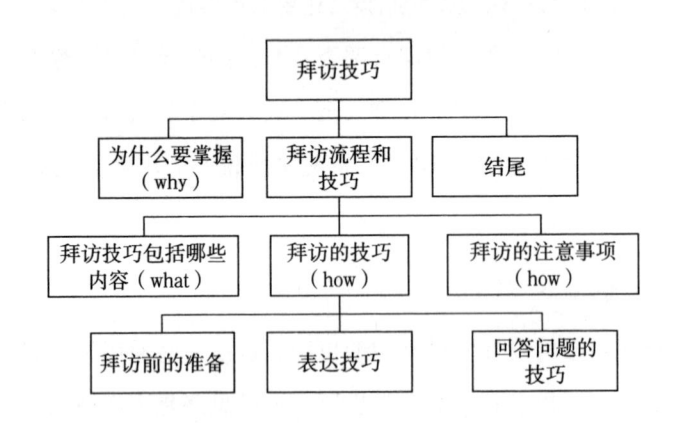

图2-1 "如何提高客户拜访技巧"课程思维图

2. 结构设计的流程

结构设计是和需求调查紧密结合的，需求调查的目的是确定主题，

第二章　逻辑清晰
课程结构设计的模型和工具

确定了主题就需要给课程设计一个整体框架。

将内容结构化，可以依据以下流程。

第一，分析内容的内在结构是以什么方式组合的，然后看看有几种分析思路。

第二，选择主要的结构模式，将最容易阐述和理解的作为主要结构。

第三，内容归类。将各个内容划入某个类别中，如果划不进去，说明归类的方式有问题。

在课程开发的训练中，每次在这个环节，我都采用现场演练的方式。首先让学员直接背诵苹果、西瓜、土豆、番茄、黄瓜、牛奶、鸡蛋、酸奶这几种食品。通常情况是，刚开始大家都能背下来，但是时间久了，就会忘记。这时，我就用结构图（见图2-2），帮助大家记忆，结果发现大家不仅能记下来，而且记得很牢。表面上看，做成这样的结构图，记下的词还变多了，由8个变成了12个，但是大家记得更牢了，这就是结构化的作用。

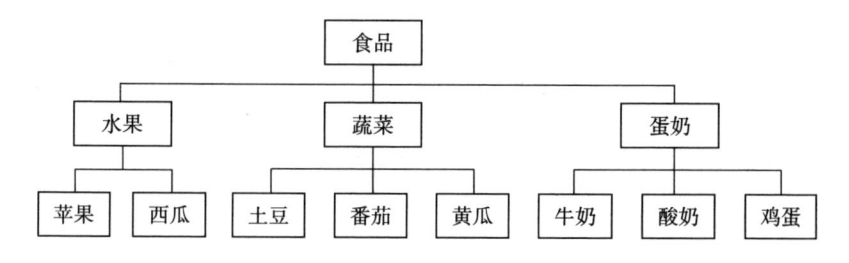

图2-2　食品归类图

苹果、西瓜、土豆、番茄、黄瓜、牛奶、鸡蛋、酸奶怎么归类？

第一步：定义，它们都是食品。

第二步：分类，水果、蔬菜、蛋奶。

第三步：相互关系，第一层次并列，第二层次也是并列。

第四步：从抽象到具体。

3. 结构化设计步骤

第一步：确定标题名称，这个步骤应该在需求调查的部分完成。

第二步：确定三段式结构——导课、正课、结课。

第三步：确定主要内容的各个模块，这是结构化的第一层次。

第四步：分解各个模块，这是就某个模块具体内容的设计，课程的重点内容还可以继续往下一层分解。

第五步：充实各部分内容，不能再分解就是具体的内容，也就是图2-3中的A、B、C。

图2-3是结合金字塔原理设计的课程结构的经典模型。

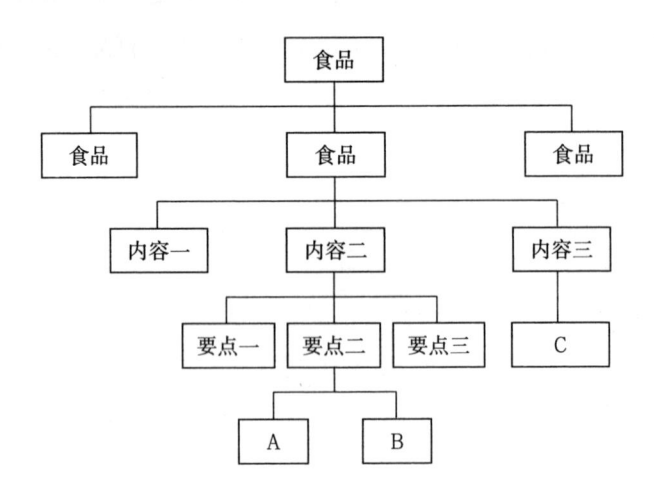

图 2-3　课程结构图

第二章　逻辑清晰
课程结构设计的模型和工具

（1）三段式结构

课程的三段式结构，就是将整个课程设计成：导课—正课—结课经典三段式模块。

导课通常称为课程导入，如果是演讲或者讲话则称为开场白；结课通常称为课程结束，有时叫结尾。导课和结课都有相应的方法，可参见本书的相关章节。

需要强调的是，所有课程都可以按照三段式模块化设计，无论是10分钟或1个小时的微课，还是一天、三天的课程，都可以设计成经典的三段式。

在三段式结构中，时间的规划要遵循20/80法则，即导课+结课一共占整个课程时长的20%，通常结课比导课的时长更长，而正课占80%。时间分配比例大概如下。

10分钟的课程：导课+结课一共两分钟，正课8分钟。

1个小时的课程：导课+结课一共10分钟，正课50分钟。

一天6个小时的课程：导课+结课一共1个小时，导课10分钟，结课50分钟；正课5个小时。

两天12个小时的课程：导课+结课一共两个小时，正课10个小时。

三天18个小时的课程：导课+结课一共3个小时，正课15个小时。

以此类推。

（2）核心模块细化的三种经典模式

根据人们的认知习惯，核心模块的细化有三种经典模式：KAS模型、道法器模型和PRM模型。

① **KAS模型**。KAS模型分别对应的是：知识（knowledge）对应的是"是什么"，态度（attitude）对应的是"为什么"，技能（skill）对应

045

的是"怎么做"。KAS模型体现了人们认识事物的基本逻辑和思维模式，运用这样的结构设计课程，既便于培训师顺畅地开发课程，又便于学员理解和掌握，所以它是最经典的模型。

② **道法器模型**。道法器模型体现了中国人特有的思维模式。在生活中，有时说"道法术器"，因为"法"和"术"其实非常接近，这里为了表述简单，称为"道法器"。这种模式适合传统文化类课程，其不仅符合课程主题的风格，也能体现中国人的思维模式。

③ **PRM 模型**。PRM 模型是最易掌握的一种模式，在后文会详细讲解。

4. 结构设计的常用模式及选择依据

如何将内容有效组织起来，成为一个有机的整体？所谓内容结构，就是指正文的各个内容之间如何排序，以及用什么方式将各个内容连接起来。

如图 2-3 所示，内容一、内容二、内容三等同一层次的各个内容之间的关系。同时还包括要点一、要点二、要点三这一层次各内容的关系以及分布。

（1）时间式

时间式也称"先后式""编年体式"，就是把内容按照事物发生的先后顺序、前后发展连接起来。这种结构主要用于企业发展史、产品更新换代过程以及个人成长方面。常见的课题有企业文化中的企业发展史、新产品上市的发展史、员工职业生涯规划等。

在课程开发工作坊中，一位学员这样介绍公司的发展史：

公司的前身为……，成立于1995年，当时公司的主要产品是……，年销售额……，主要市场是华南地区。1999年，公司成立一家分公司，主要产品有3类……，销售额……，主要市场由华南扩展到华东。2004年，公司成立集团公司，旗下有8家分公司……，产品分为10个大类……，年销售额……，已经迈向全国市场。2009年，公司成功上市……

时间式既可以成为课程的主要结构，也可以是某个内容分支的结构，比如讲解某个案例。

在某能源企业"建构主义7D精品课程开发"工作坊中，该企业培训师李老师开发了一个课程"三招四式公文写作"，就是按照公文写作的具体流程来设计课程的。"三招"指的是公文写作的三个方法，"四式"指的是公文写作的四个步骤，这也是按照方法—步骤的发展模式设计的。

（2）分类组件式

分类组件式也称单元式、模块式，即把内容按照某种维度分成几个模块，然后将各个模块按照某种方式组合起来，是最容易理解和掌握的课程结构化模式。分类组件式的优点：把事物分类，简单明了，便于理解和掌握。分类组件式又包括以下几种。

① **并列式**。模块之间是平级、并列的，既没有先后关系，也没有包含关系，可以打乱，按照不同的顺序进行组合。

比如，"管理者的八项修炼""销售精英的十堂课"这类课程，里面的各个模块可以按照不同的顺序组合。"商务礼仪"课程也属于这种情况，其着装礼仪、形体礼仪、社交礼仪、服务礼仪等模块都是可以按照不同方式组合的。

有一次我给某银行做课程开发项目，其中一个学员所讲的课程是"销售精英的五个心态"，他的结构图很简单，如图2-4所示。

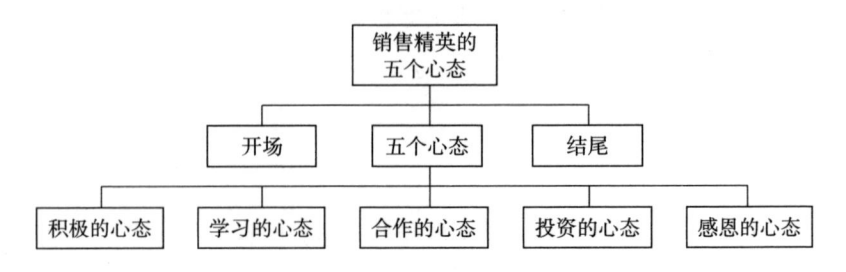

图2-4 "销售精英的五个心态"结构图

② **空间式**。按照空间顺序将各个模块组合起来。

比如，按照区域可以把全国市场分为华北、东北、华中、华南等市场。再如，由里到外、由上到下也是一种划分方式。一个学员介绍他们生产的汽车驾驶室，用的就是空间式，先介绍外观，再介绍驾驶室的内部设置，这样的顺序比较符合人们的认知习惯。

有一次给某大型医药集团做课程开发，其中一个学员的课程主题是公司简介，他用了空间式来介绍，如图2-5所示。

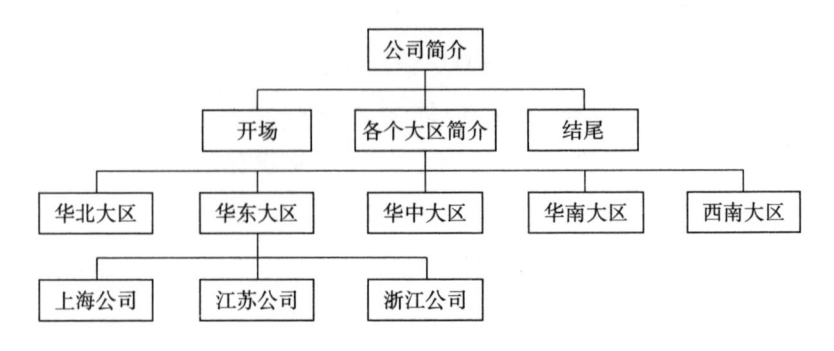

图2-5 "公司简介"结构图

第二章 逻辑清晰
课程结构设计的模型和工具

③ **进阶式**。各个模块是按照发展阶段的进阶组合在一起的。这和时间式有点相似,都是按照时间的先后排序,但是二者存在不同:时间式有具体的时间点,比如某年、某月;而进阶式是按照某个阶段划分的,这个阶段的时间点是不明显的,无法用具体的时间概念来阐述。

比如,讲员工的职业生涯规划,如果采用时间式,就是第一年做什么,第二年怎么发展,第三年怎么发展;而进阶式则是,第一个阶段做基层员工,第二个阶段做主管,第三个阶段做经理。

选择模式的依据是,有具体时间的阶段性的就选择时间式,没有具体时间的阶段性的就选择进阶性。

比如,"鹰隼计划百城万师行动"就是将"鹰隼部落"的发展分为三个阶段:计划用5~10年,在全国各地发展100个城市部落,每个部落100名职业培训师,总计10000名培训师。整个项目简称"百城万师",这10000名培训师主要包括企业内部培训师、社会上的商业讲师以及各个院校的教师,他们组成"鹰隼部落"。

这些"鹰隼部落"伙伴的发展分为三个阶段。第一阶段:雏鹰,主要指掌握培训师基本功的人员,包括本书的广大读者、培训爱好者、线上课程的学员,以及其他全国各个培训协会的会员,只要通过相关考核即可。雏鹰阶段的主要任务是学习成长,雏鹰阶段的目标是培养10000名雏鹰培训师。

第二个阶段:雄鹰,指掌握了课程开发的核心技术,包括参加公开认证班、企业内训项目的优秀学员,能够依据7D技术开发出课程,并且通过考核即可。成为雄鹰就是真正的培训师,就有机会参与"鹰隼部落"总部组织的课程开发、交付课程等项目。雄鹰阶段的目标是培养1000名雄鹰培训师。

第三个阶段：金鹰，指拥有自主版权的卓越老师。金鹰参与联合开发自主版权，或者自己拥有版权，并且可以认证培养师资，培养和带领基于自主版权的认证师资队伍。金鹰属于培训导师这一层级。金鹰阶段的目标是培养100名金鹰培训师。

这种结构模式就是进阶式：雏鹰—雄鹰—金鹰。

按照进阶式设计课程的主要结构，也是常见的方式，把主要内容进行梳理，按照进阶升级的方式，让课程结构清晰，层层推进。

时间式和分类组件式是最常见的结构模式，常常用在第一层次。如果再进一层次，也就是在对内容进行进一步阐述的时候，需要用到以下方式。

（3）A/B式

A/B式是以A和B两个部分组成的模式。A/B式又可分为以下几种形式。

① 问题/解决方案式。第一部分提出问题（作为A），第二部分针对这个问题提供解决方案（作为B）。比如，"管理者常犯的10个错误"课程采用的就是这种方式——第一部分，拒绝承担责任（A）；第二部分，让管理者勇于承担责任（B）。

② 形式/功能式。这种模式常常用于讲述某种仪器设备，首先介绍仪器的某种形式，然后介绍这种形式有什么功能。比如，"灭火器的使用"就可以采用这种方式。

③ 设问/解答式。提出一个问题，然后进行解答；再提出一个问题，再进行解答。

A/B式通常作为局部的一种结构模式，很少作为整体的结构模式

第二章　逻辑清晰
课程结构设计的模型和工具

（除非内容比较少）。如果内容太多，用时太长，就需要和整体的结构模式配合运用。

针对前文提到的"销售精英的五个心态"——可以将五个心态作为五个组件放在第一层次，然后在组织每个组件的内容时用 A/B 式。如图 2-6 所示。

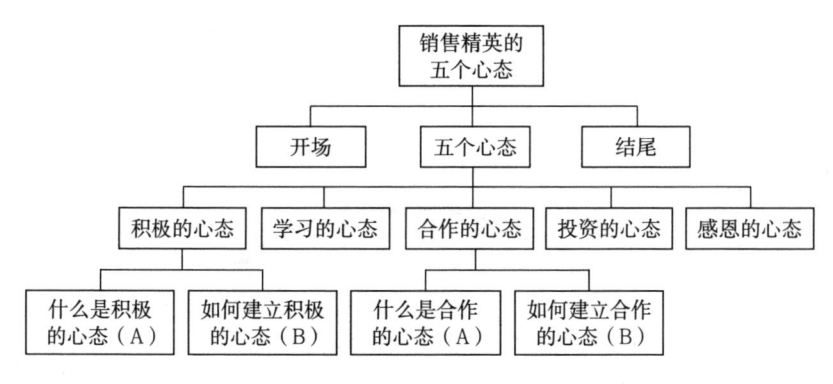

图 2-6　"销售精英的五个心态" A/B 式

（4）案例分析式

提出案例，进行分析；再提出案例，再进行分析。案例分析式既是一种结构模式，也是一种教学方式。

如果内容比较多，不适合用案例分析式。案例分析式更多用于局部，整个课程用案例分析式的不多。

以"情境高尔夫"课程为例，整体采用分类组件式，全部课程设置 18 个洞（典型案例），然后对每个案例进行分析。其中，分类组件式属于进阶式，18 个洞的案例并不是并列关系，而是按照计划、组织、实施、协调、监控、评估这种进阶式的逻辑进行排序的。所以，"情境高尔夫"课程结构是，主结构"进阶式分类组件式"+辅结构"案例分析式"。

(5) 矩阵式

矩阵式就是设计某个矩阵，然后就矩阵的每一个模块分别进行阐述的模式。矩阵式在视觉上对人有冲击力，很容易让人理解其中的逻辑关系。矩阵式还给人"很科学"的感觉。相对来说，培训中矩阵式用得不多。

时间管理四象限法则、波士顿矩阵用的就是矩阵式。

广受欢迎的版权课程"萨蒙领导力"也采用了矩阵式，如图2-7所示。

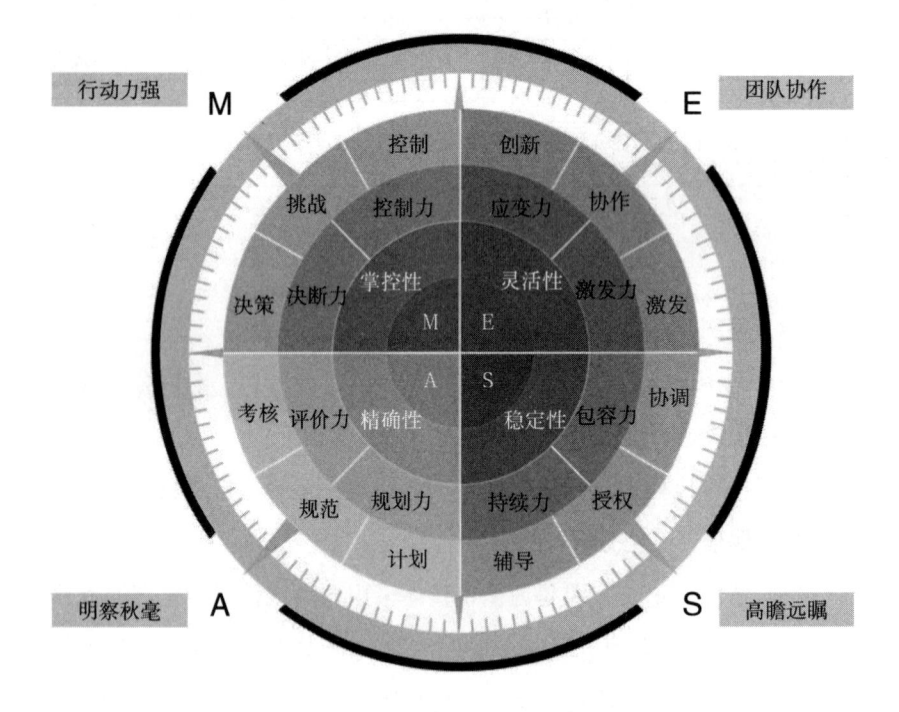

图2-7 萨蒙领导力矩阵图

按照两个维度，分为4个象限，分别是S、A、M、E 4个核心要素。整个课程就围绕这4个核心模块展开。

第二章 逻辑清晰
课程结构设计的模型和工具

（6）对比式

将两个事物通过比较的方式进行阐述，可以很快把各个事物的优、缺点凸显出来。本书很多内容都采用了这种方式，比如讲"需求调查"时，介绍各种调查方法就采用了对比式。前面提到的"销售精英的五个心态"，也可以用对比式。如图2-8所示。

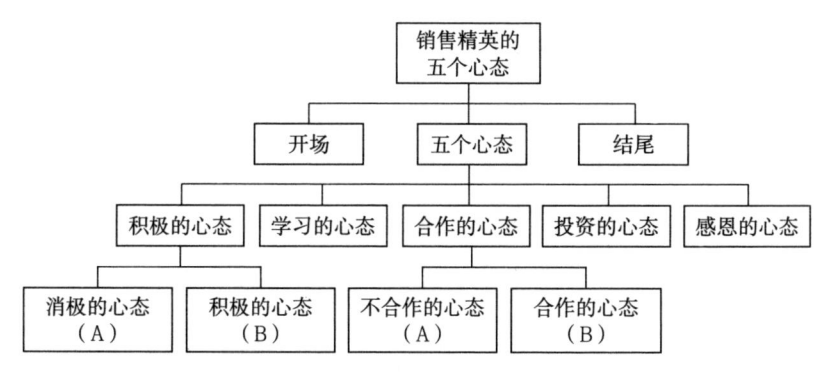

图2-8 "销售精英的五个心态"对比式

（7）复合式

复合式是以一种结构为主、几种结构为辅的结构模式。通常一个完整的培训采用的都是复合式结构。

复合式 = 主结构 + 辅结构

培训的内容就像一棵大树，主干就是主结构，枝叶就是辅结构。越是长得好的树，其主干越清晰。相反，那些低矮的风景树常常是枝叶交织在一起，杂乱无章。

常见的复合式结构是前者为主，后者为辅，比如：

时间式 +A/B 式

时间式 + 案例分析式

分类组件式 +A/B 式

分类组件式 + 案例分析式

分类组件式 + 矩阵式

需要强调的是，一个课程只能有一种主结构模式，如果同时有多个主结构，就会引起结构混乱。辅结构可以是各种结构模式。

每次我讲结构化的时候，总是让学员重新设计自己的课程结构，很多学员的课件要做较大幅度的修改，有的甚至需要完全推翻重来。一旦调整好了，学员课程的流畅性就大大提高了。

结构化课程，其实是结构化思维。思维的改变很难，但它是必需的。优秀的课程都是结构化非常清晰的课程。

（8）选择结构模式的 3 个依据

一个课程用什么样的模式更为合理呢？依据什么选择课程结构模式？主要依据有以下几点。

① **课程内容本身的内在结构**。根据课程内容本身的结构选择相应的模式，这是根本依据。培训师不能凭空选用某种模式，而是要深入分析内容本身的内在关系，以此选择最适合的模式。

② **选择便于表达和理解的模式**。有时候事物内部可能存在多种结构关系，这时选择哪一种？要优先选择最适合表达和理解的模式。

③ **选择培训师最擅长的模式**。如果课程内容本身有多种结构模式，且都便于表达和理解，那么要选择培训师自己最擅长的模式。培训师要根据自己独特的个性和习惯，优先选择自己最擅长的模式。

四、PRM 课程开发模型及示例

PRM 既是结构设计模式，也是课程开发模式，尤其是在"微课程"开发中，是最容易掌握的一种模式，很多培训师，包括职业培训师都在采用这样的模式。

1. PRM 课程开发模型

PRM 是 phenomenon（现象呈现）、reason（原因分析）、measures（措施及解决方案）的简称。PRM 模型也称"咨询式培训模型"，如图 2-9 所示，它是在借鉴咨询项目操作流程的同时，结合培训项目的特点形成的一种课程开发模型。简而言之，PRM 模型是用"填空"的方式来开发课程的（后文有一个标准的模板做示例）。它更适合企业内部培训师，因为他们不会像职业培训师一样，花很多时间在课程开发上，他们需要的是逻辑清晰、操作简单、一学就会、会了就能用、一用就灵的课程开发模型。

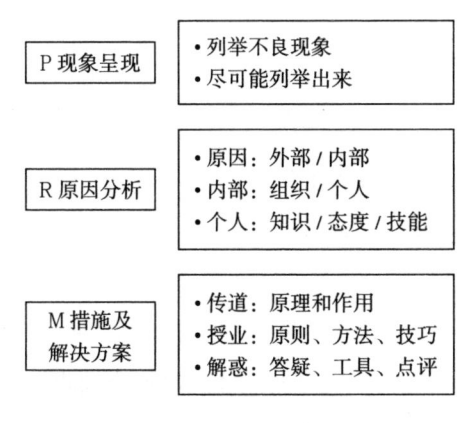

P 现象呈现	• 列举不良现象 • 尽可能列举出来
R 原因分析	• 原因：外部 / 内部 • 内部：组织 / 个人 • 个人：知识 / 态度 / 技能
M 措施及解决方案	• 传道：原理和作用 • 授业：原则、方法、技巧 • 解惑：答疑、工具、点评

图 2-9 PRM 模型

（1）现象呈现

列举培训对象存在的各种不良现象，遵循麦肯锡"相互独立，完全穷尽"的原则，把所有的现象尽可能地罗列出来。

需要注意的是，这个步骤要明确的是现象，而不是结论。不要过早下结论，因为有时我们看到的只是表面现象。培训师在调查中要鼓励对方说话，不管对方说什么，都要表示支持，绝对不要打压和反对。在调研需求时要让对方多说，说得越多，问题呈现得就越多，后期就越能针对性地给出解决方案。

（2）原因分析

分析和挖掘导致以上现象的原因。这就要求培训师做到以下几点。

- 尽可能把与之相关的所有原因都找出来，绝不遗漏。
- 找到首要原因。
- 分析导致现象的原因，做好轻重缓急排序。

（3）措施及解决方案

按照"传道、授业、解惑"的顺序设置内容。

传道：一是专业知识，这是基础；二是解决问题的原则、原理和指导思想。

授业：给出解决这类问题的具体方法、技巧、工具，确保培训效果。

解惑：答疑解惑，设置问题解答环节。

在整个课程开发体系中，将5W2H融入其中。

说明：现象呈现和原因分析只能通过调查获得，不能是培训师自己想象出来的现象和原因；措施及解决方案是培训师根据需求调查情况，结合自己的专业提供的解决方案。

2. PRM 课程开发举例

我们最近几年所做的培训师培训和课程开发项目，通常采用 ADDIE 结合 PRM 的课程开发模式，在实际培训中取得了良好的效果，现在就以某银行课程开发项目为例介绍这种模式，希望给读者一些启示。

某银行课程开发项目说明书

主办方：省银行培训学校。

参与者：省级部门的内训师及各市级银行的内训师（多是部门负责人）39 人。

时间：三天两夜（实际上四天）。

培训目标：

① 学习课程开发的模式和原理。

② 掌握课程开发的操作方法。

③ 开发出授课时间在一个小时左右的课程（有的是半个小时，有的是一个小时）。

培训模式：集训方式。

项目背景：参训的学员主要是省级下属部门及市级部门的负责人，都是兼职培训师，其中一部分学员参加过授课技巧的 TTT 培训。大多数学员都没有掌握课程开发的流程和方法，其课件来源于两个方面：一是公司为其提供的课件；二是自己凭感觉开发的课件，主要来自网络。

学员存在的主要问题是：

① 没有系统学习和掌握课程开发的模式和方法。

② 已有的课程缺乏标准和统一，花样百出。

③ 无法根据实际需求开发有针对性的课程。

操作流程：

本次培训将39位学员分成13个学习小组，每组开发1个课程。学习小组成员实行混搭的形式，即小组成员来自不同的地区，或者不同的部门、不同的岗位。这样做的目的是便于复制。学员通过这种方式，重点在于系统掌握课程开发的方法，回到实际工作中，也可以按照类似的方式，召集几位同事给他们开发课程。也就是说，也许该小组开发的课程并不是某个要讲的课程，但是学员可以学习这样的方式，重新开发自己需要的课程——不仅"授人以鱼（课程）"，更重要的是"授人以渔（方法）"。

整个课程开发流程就是ADDIE模式结合PRM模式。其中一个小组的课程主题是：高效沟通。

PRM课程开发举例——高效沟通。

现象呈现（P）

为掌握真实状况，确保培训效果，请如实回答以下问题：

①请介绍自己沟通方面的情况。

②你认为自己在沟通方面存在哪些问题？

③在实际工作中，为你带来负面影响的是哪些沟通方式？

④你觉得最不满意的沟通现象有哪些？

⑤关于沟通，你最惨痛的经历是什么？

⑥在你看来，你的上司和你在沟通中存在什么问题？

⑦你和同事之间的沟通障碍主要体现在哪些方面？

⑧在对上、对下和平级之间的沟通中，什么现象让你不满？

⑨你最想解决的沟通问题是什么？请列举三项。

⑩对于沟通，你还有什么补充？

注：在现象呈现过程中，要选择合适的调查方式，通常用问卷调

第二章　逻辑清晰
课程结构设计的模型和工具

查法和访谈法。

原因分析（R）

对于以上沟通方面存在的问题，你觉得最主要的原因有哪些？

公司外部原因（如果有，请详细列出来；如果没有，就不用列举）。

公司内部原因：

① 公司方面（你觉得导致沟通不良的原因主要是什么？有的话请列举）。

企业文化：……

公司的规章制度：……

公司新的政策：……

公司最近发生的重大事件：……

② 个人方面。

缺乏沟通方面的知识：……

没有掌握沟通技能：……

对高效沟通的作用缺乏正确的认识：……

措施及解决方案（M）

……

主题：如何提高公司内部沟通绩效。

课程内容：如表2-1所示。

表2-1　课程内容

第一部分：现象呈现（P）——常见的十大沟通误区（占时10%左右）		
第二部分：原因分析（R）——产生以上沟通误区的原因（占时10%左右）	1.公司外部因素（如果有，简单提及）	
~	2.公司层面的因素（淡化，提示会用其他方式解决）	
~	3.员工方面存在的问题（最大问题是缺乏沟通技能）	缺乏沟通方面的知识
~	~	没有掌握沟通技能
~	~	对高效沟通的作用缺乏正确的认识

（续表）

第三部分：解决措施（M）——如何提高沟通技能，实现高效沟通，5W1H（重点，占时80%左右）	1.传道：关于沟通的知识和原则（占此部分用时10%左右）	What：什么是沟通，沟通的原则有哪些
		Why：沟通的作用和目的是什么
	2.授业：提高沟通技能的方法和技巧（占此部分用时80%左右）	How：如何讲，如何听，如何做到双向沟通，如何处理争议
		Who：上对下如何沟通，下对上如何沟通，平级之间如何沟通，如何与客户沟通
		When：沟通的时间和时机
		Where：沟通的场合和地点
	3.解惑：沟通中常见的困惑有哪些，个人遇到哪些特殊的问题（占此部分用时10%左右）	
	4.名称确定：主标题"提升沟通技能，实现高效沟通"，副标题"××公司中层管理者沟通培训"	

从上例可以看出，PRM模型是由两个PRM套在一起的，也就是说，前期做的需求调查中发现的问题，要作为案例进入培训的内容，将前期的调查和后期的训练有机结合起来。如果前期调查结果不作为正式的培训内容，那么前期工作就白干了，还会导致培训内容缺乏针对性。

PRM是一种非常简单可行的课程开发操作模型，培训新手时完全可以用它来开发课程。经验丰富的培训师，不一定完全按照每个细节操作，但是同样可以借用PRM模型进行课程开发。完整的课程开发，除了内容设置以外，还包括结构设计和名称确定，这是接下来要讲的内容。

以上这个案例是内训师的"微课程"开发，职业培训师同样可以将ADDIE结合PRM模式进行标准课程（1~3天）的开发。

3. PRM课程开发模型完整案例

某企业TTT培训课程开发

某著名企业要做TTT培训，该企业生产照明产品，是行业的领头

第二章　逻辑清晰
课程结构设计的模型和工具

羊。我与该公司人力资源总监周总和培训经理李经理进行了面谈。

第一步：现象呈现

段烨：周总，你们打算做 TTT 培训？请你介绍一下背景，为什么要做 TTT 培训？

周总：其实，做 TTT 培训是去年的一个计划，由于时间关系一直拖到现在，如今已经感觉刻不容缓了。因为我们发展非常快，全国拓展市场，增开了生产基地，同时加入了大量经销商，这就需要招聘大量新员工。但是，我们发现这些新员工存在这些问题。第一，新员工很难迅速接受我们的企业文化，不能很快地融入公司，流失非常严重，我们的招聘人员每天都去招聘，工作量很大。第二，新员工缺乏相应的专业知识和技能，影响业务的开展。因此，我们想加强内部的培训，解决这个问题。

我们培训的目的很简单：宣导企业文化，留住员工；加强专业能力培训，提升员工技能。

段烨：公司的内训师水平怎么样？对于他们，公司认为哪些方面还有待提升？

周总：一是课程设计方面，他们都不太会做课件，有些课件是我们做好了给他们，他们照着讲。二是培训技巧方面，常常是他们自己在讲，没有什么互动，现场氛围很差。课程的生动性和吸引力不足，给人感觉不是在培训，更像是在开会。总之，这个"味儿"不太像培训。三是他们对于培训师的认知存在一些误区。

第二步：原因分析

段烨：为什么会出现这样的状况？他们以前参加过 TTT 培训吗？

周总：他们都没有参加过，只有我参加过。他们都是业务高手，但就是不会培训。

段烨：哦，也就是说，他们都没有经过系统的培训师技能方面的训练？

周总：没有，所以要请您讲这个课程。他们现有的"手艺"都是参加一些培训时偷师学来的。

第三步：解决方案

段烨：我手里有两份资料。一是"TTT培训背景调查表"，这主要是了解本次培训背景的，等会儿请你们填一下，尤其是学员个人状况要写清楚。二是"TTT培训课程内容调查表"，这主要是调查具体的需求，用来设计课程的，这个调查表调查的内容是ADDIE课程设计与开发模式的下一个部分——精彩课堂呈现，这是培训最重要的技能之一，根据每家企业的具体情况选择讲哪些项。

（接下来，我将11项内容逐项给他们做介绍，然后让他们选择。）

段烨：通过逐项沟通，我们基本上找到了本次培训的需求，但是这还不够，还需要对参训的学员做调查，两者结合起来才能确定内容。等调查内容出来了，再根据具体情况确定培训需要几天。

几天后，根据调查情况，设计了以下方案。

××企业培训师培训方案：企业培训师精彩呈现十项修炼

培训目标：

1. 正确认识培训师的角色。
2. 掌握培训的相关技能。
3. 提高培训技巧。
4. 提升培训质量。
5. 培养一批合格的企业内部培训师。

培训方法：讲授 + 演练 + 考核。

培训时间：三天两夜全封闭培训。

培训大纲：略。

这个方案用金字塔图形呈现出来就是图2-10的样子。

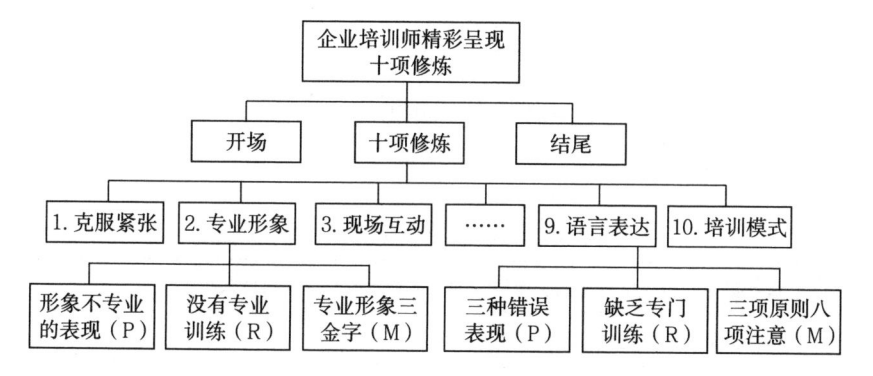

图2-10 "企业培训师精彩呈现十项修炼"金字塔结构

五、关于课程开发的答疑及工具

1. 关于课程开发的疑问

疑问：课程内容除了可以通过需求调查得到，还可以通过什么方式得到？

答：上网搜索，会得到很多相关内容。这是一种非常便捷的方式，是很多培训师常用的，尤其是对于内训师来说，省时省力。

但是记住，网络上收集的内容，你可以借鉴，但绝不能照搬，一定要有所改变、有所创新、有所提升。

如果把人家的东西简单地复制，会带来以下风险：第一是侵犯别人的知识产权；第二是一旦被学员发现，会给他们留下不好的印象；第三是你在讲授的时候，很有可能因为不是自己的东西而记不住。

2. 关于课程开发的3个工具

工具1：TTT培训背景调查表[①]（见表2-2、表2-3）

运用范围：企业培训师培训（TTT培训）

目的：了解学员具体情况，因材施教

适用对象：培训主管

表2-2 TTT培训背景调查表

一、最近一年是否发生过影响企业培训师队伍的事情？具体是什么？
二、请谈谈你们团队比较独特的地方。
三、参训学员对本次培训的基本态度是： □赞成　　□反对　　□无所谓
四、参训学员以前是否参加过类似培训？ 1. 参加的时间： 2. 培训主题： 3. 参加的人数：
五、这些学员喜欢的培训方式是： □讲解式　　□训练式　　□活动式　　□案例分析式
六、学员状况（统计，请如实填写参加本次培训学员的基本情况） 1. 学员人数 　男（　）人；女（　）人 2. 学历 　本科以下（　）人；本科（　）人；本科以上（　）人 3. 年龄 　30岁以下（　）人；30～40岁（　）人；41～50岁（　）人； 　50岁以上（　）人 4. 工作年限 　5年以下（　）人；5～10年（　）人；10年以上（　）人 5. 相关工作经验 　5年以下（　）人；5～10年（　）人；10年以上（　）人

说明："TTT培训背景调查表"可以用问卷调查的方式完成。

---

① 此处工具与需求调查部分工具相同。

第二章 逻辑清晰
课程结构设计的模型和工具

表 2-3 学员情况调查表

姓名	性别	年龄	岗位	职务	学历	工作经验	其他

工具 2：TTT 培训内容调查表（见表 2-4）

运用范围：TTT 培训

调查对象：培训组织及管理者、参训学员

调查目的：掌握学员对于培训内容的具体需求

表 2-4 TTT 培训内容调查表

类别	名称	内容	很需要	需要	不需要

说明：

1. 请根据具体情况如实填写，每项只能选择一个。
2. 调查结束后需要进行统计。"很需要"，2分；"需要"，1分；"不需要"，0分。根据统计状况设计课程内容及课程重点，分数越高越重要。
3. 最好是用问卷调查法调查。

工具 3：选择课程结构模型（见表 2-5）

运用范围：所有培训

目的：确定课程结构模式

适用对象：培训师

065

表 2-5　课程结构需求表

模式	内容	选择与否	备注
时间式	时间的先后顺序		
分类组件式	并列式 空间式 进阶式		
A/B 式	问题/解决方案式 形式/功能式 设问/解答式		
案例分析式	提出案例，逐步深入分析 和 A/B 式相似		
矩阵式	矩阵形式		
复合式	几种模式有机统一，主线清楚		

本章小结

1. 学习要点

①掌握结构设计的流程和方法；

②掌握 PRM 课程设计与开发模式。

2. 课后作业

①将已有的课程结构化，用金字塔模式展示出来；

②运用 PRM 模型设计一门课程的初步框架。

第三章

一鸣惊人
开场白的设计原则和方法

ADDIE 小贴士

在需求调查与结构设计完成后,需要充实具体的内容,以下几个章节都属于这个内容。

第三章　一鸣惊人
开场白的设计原则和方法

一、错误的开场导入

课程的开场导入在课程开发中称为"导课",在上课的场景下,课程导入通常被称为"开场",有时也被称为"开场白"。"导课"是课程的一个重要环节,但很多新晋培训师往往不重视它,所以在开场白方面存在很多误区和不足。

1. 没有开场白的典型案例

有一次我给某著名的电子产品公司的商学院讲TTT,在早上快9点的时候,我在教室的后面做好准备,等着他们做完开场,我正式上台讲课。这时他们的培训负责人走到我面前,对我说:"段老师,咱们开始吧。"我说:"好的。"然后我等着他的开场,结果对方没有任何反应,我明白了,原来没有开场。我只好自己上台开场。

这是我遇到的彻底没有开场的"开场"。在以往的培训中,至少会有一个主持人说"掌声欢迎段老师上台"。

这种情况是，培训管理的环节没有设计开场。还有更多的情况是，培训师自己没有开场。

在我们"鹰隼部落百城万师行动"全国培训班中，在初步演练时，总会遇到一些学员一上台就开始讲课的情况，他们都直奔主题，没有课程导入。

可见，开场白虽然是正式培训中非常重要的一个环节，但也是培训师常常忽视的一个环节。

2. 常见的错误开场白

企业内训师开场白常见的错误，主要原因在于内训师经验不足，不够自信。而有丰富授课经验的培训师，常常走向另外一个极端——离题万里。

（1）直奔主题式

各位领导，大家好，我叫××，来自人事行政部，我今天演讲的主题是：我骄傲，我是××人。

这是"鹰隼部落"的一个学员为一次演讲比赛准备的开场白，这样的开场白平淡无奇，没有吸引力。

各位培训机构的领导，各位老师，各位同行，大家好，我叫××，今天我参加展示的课程是"高效沟通"……

这是最近几年全国各地的师资展示大会中最常见的开场。

各位同事，大家好，我叫××，我今天分享的主题是××，主要内容包括××……

这是常见的企业内训师开场白。

以上列举的开场白，都属于"直奔主题式"开场白。

（2）自我贬低式

各位学员大家好，非常荣幸来参加今天的培训。本人能力和精力有限，对这个课题没有多少深入的研究，接下来谈的内容也仅仅是我个人一些不成熟的看法，讲得不对的地方请各位专家原谅。我也是第一次上台，有些紧张，希望大家多多支持。

这是在培训中最常见的开场白，也叫"自杀式开场"。这样的"谦虚"只能让学员感觉你不够自信，你无疑是在告诉学员"我很害怕"，那些喜欢挑战的学员已经跃跃欲试了。

（3）推卸责任式

各位同事，不好意思，因为最近太忙了，而且公司通知我讲这门课的时间有点晚，我准备得不够充分。最近天气挺反常的，昨天晚上我加班结果感冒了，所以今天状态不是太好，请大家原谅。

老师在上面找借口，学员会怎么想呢？学员会在下面讲："老师，我早上还没有吃饭,对不起,我去吃了再来,不好意思。""老师,我昨晚睡得晚,现在要休息一会儿,请老师原谅。"记住,借口只会带来借口。

(4)装腔作势式

各位优秀的企业家,大家好,非常荣幸来到贵地。在来以前,我就知道这里是个人杰地灵的地方,在座的各位都是非常优秀的企业家,今天能够和大家一起交流和学习,我真是三生有幸。所谓"百年修得同船渡",看来我们是非常有缘分的,为我们的缘分,来一点掌声!掌声不够热烈,再来一点!好,太棒了!你们是最棒的,掌声再次送给你们!

这样的开场方式很热闹,但是对于一位培训师来说,装腔作势的开场还是让人感到怪怪的。

(5)啰唆式

一位培训师受邀给某移动公司讲绩效管理。考虑到台下的员工比较抵触绩效考核,这位老师采用了这样的方式。

××移动公司的各位管理者,大家好。我今天要给大家讲的主题是"加强绩效考核"。我讲这个主题,并不是说大家现在做得不好,其实我感觉大家已经做得很好了。为什么要讲这个主题呢?是因为贵公司领导的要求。其实绩效问题是很多公司都存在的问题,那些所谓的知名企业,难道就没有绩效问题吗?我看未必,其实都是有问题的。所以咱们公司存在一些绩效问题是正常的。如果大家的绩效都已经很高了,那才不正常呢。当然,反过来说,就算大家的绩效提高了,公司对大家的绩效要求又提高了，所以还是会有问题。另外，我认为，绩效问题是多方面的问题，仅仅靠一个培训呀，开个会呀是不能解决的，要是真这么简单，绩效问题就不存在了。所以，我内心是不太愿意讲这个主题的，希望大家也能理解我，多多支持。

这样的开场白，也反映了主讲者对于自己培训的主题不够自信。

（6）自我吹嘘式

某培训行业协会举办一个论坛，邀请几位专家分享，每个人的时间是40分钟。上午最早一场是一位讲国学的"大师"，主题是"国学智慧与人力资源"，40分钟的分享，自我吹嘘的开场花了35分钟，看到时间快到了抓紧讲了一下主题。下面是"大师"的开场。

各位做人事工作的学员，大家好。欢迎你们！来参加我的培训，你们三生有幸！因为我通常是给企业家讲课的，我的课程深受企业家欢迎，大家听了我的课程以后，企业做得更大了。我还是第一次给搞人事工作的人讲课，当然，听了我的讲座，肯定对你们的人事工作有帮助。虽然我自己完全不懂什么人事工作，现在好像叫什么"人力资源"，其实，在我看来都差不多，都是做事情的，但跟老板所做的事相比，还是有差距。所以我不能保证你们每个人都能学到东西。同时呢，我一直研究的是国学，并且有一点小小的成就。当然，你们不要称我为"大师"，因为现在国学中，没有敢称大师的，我呢，还是比较谦虚，但我不说自己是"大师"，也还是有些成果的，现在就简单地介绍一下我的成功经历……（此处省略5000字。）

（7）枯燥无味式

各位同事，今天给大家讲讲关于公司制度的内容。你们是刚来我们公司的，因此要好好了解制度。这些制度都是公司规定的，每次新员工入职的时候都要讲，大家可以学学。首先我们讲讲考勤制度……

这种开场白也叫"外交式开场"或"新闻发言式开场"。没有感情的例行公事开场白，只会让人感觉浪费时间。

（8）离题万里式

有一次我给某银行讲TTT，恰逢该银行刚刚组建企业大学。三位领导为显示对本次培训的重视，先后上台发言，加上一位主持人，四个人花了差不多一个小时做开场。

三位领导从各个角度，结合当前的国际国内形势，高屋建瓴地谈到企业发展的方向和目标，就是没有谈本次四天三夜培训的主题——培训师培训。

我在下面，一方面感谢各位领导对本次培训的重视，一方面为流逝的时间着急。台下本来充满热情的学员开始不耐烦了。

（9）虚张声势式

各位学员，大家好。今天非常高兴地给大家讲授一个主题，就是"细节决定成败"。一个企业的成功，关键在于细节。古人云"一屋不扫，何以扫天下"，意思就是要强化细节。细节做不好，企业是做不好的。企业要想做大，首先要从细节开始。决定企业成败的关键就是细节。因此,做好了细节就意味着成功。

我听过"执行决定成败""战略决定成败""创新决定成败""态度决定成败"……这不免让人疑惑,到底什么决定成败呀?

(10) 狐假虎威式

各位同事,今天要开个会,会议的主题是"加强公司的车辆管理"。我知道大家对这个题目比较反感,认为公司管理得太严格了。今天我是奉公司各级领导的指示来给大家讲课的。董事长在年初的会议上就讲了,今年要加强车辆管理,总经理在各种会议上也一直强调,要加强车辆管理,因此上周专门安排我讲这个课题,昨天又把我叫到办公室,再次强调这个主题。所以呢,今天我来讲这个主题。请大家认真学习,我将把大家的学习情况汇报给公司的高层,到时候会根据这些情况做相应的奖惩。

(11) 热闹非凡式

有一次,我参加某培联组织的讲师展示大会,一位讲师穿着大红外套,在台上激情四射地搞破冰,与学员互动,一共10分钟的展示,开场就花了快7分钟,这样的培训效果如何,不难想象。

(12) 重复式

在上海举办的鹰隼计划班中,一名来自银行系统的学员在第一次上台的时候,用了这样的开场。

各位同事,大家好。我叫××,来自培训部,今天我讲的主题是

"营业厅的服务礼仪规范"。为什么要讲这个主题呢？我给大家讲一个故事。那是上个月发生的事情，当时，一个顾客在营业厅里大声嚷嚷，抱怨我们的工作人员服务不好，吵着要投诉，后来经理出面也没解决，直到惊动了一位副行长。相关同事因此受到了银行的处罚。为什么出现这种情况？其实，最根本的原因就是那个顾客不喜欢某位营业员说的话，认为冒犯了他，用段老师的 DISC 分析，这个顾客可能是"D 型"。因此，我今天专门给大家分享这个主题——营业厅的服务礼仪规范。

初看，这个开场白很精彩，用了故事开场法，但是仔细看，出现了两次开场——直奔主题开场加故事开场。

为什么叫"双头式开场"呢？一个培训，其实就像一篇文章，通常分为开场、正文和结尾，可以形象地用人来形容，开场白就像头，正文就像躯干，结尾就像脚。直奔主题就是没有头。这种重复开场就像有两个头。想象一下，当你看到有个人有两个头，是不是很恐怖？

以上是培训开场时出现的各种典型问题，在实践中，出现最多的是直奔主题式、自我贬低式、啰唆式开场。

二、开场白设计的管理学原理和作用

1. 开场白设计的管理学原理

（1）权威暗示效应

人们会依据培训师的开场白来判断其是否权威，培训师一旦成功开场，就会在学员中树立威信。因此，开场白对于培训师非常重要。

（2）破冰原理

培训刚开始，培训师和学员之间会有些隔膜，就像隔着一层坚冰，如果不把这层冰打破，就会导致培训师讲自己的，学员做自己的，双方无法形成一个整体。因此，培训师在开场时就要打破坚冰。所以，开场白在有些时候也被称为"破冰活动"。

（3）三三三原则

三三三原则是在培训中最常用的原则。第一个"三"，三秒钟，也就是用三秒钟塑造良好的第一印象。如果学员接受了培训师的形象，接下来就需要第二个"三"，三分钟的精彩开场。一旦开场白吸引了学员，学员就会认真地听下去，听培训师讲三小时、三天甚至三年。

2. 设计开场白的作用

（1）集中学员的注意力

职业培训面对的是成人，就算他们坐在教室里，主持人已经通知培训马上开始，很多学员的注意力由于受多种因素影响，依然没有在课堂上。这就需要主讲者运用开场白来集中学员的注意力，告诉大家："嗨，我们开始了。"

（2）为培训定调

不同场合，不同主题，授课的基调是不一样的。这同唱歌一样，起调决定了后面的调子。如果主题是娱乐性的内容，开场白就要轻松愉快些，可以用故事、笑话当开场白。相反，如果主题比较严肃，那么开场白就要选择比较严肃、庄严的方式，主讲者的举止、表情也要和主题风格一致。学员通过开场就知道此次培训的氛围，可以尽快融入培训。

（3）吸引学员

如果是内训，如何让那些年龄比你大、资历比你深、职位比你高的同事听你讲下去？如何让他们感觉你焕然一新？如果是公开课，如何让来自不同单位、不同背景、不同专业、不同岗位的各路"神仙"听你讲？最好的方式就是专门设计开场白。

开场白的目的就是吸引学员，在培训一开始就要吸引他们，让他们保持好奇心，继续听你讲下去。

有一次我给某上市公司讲TTT，他们是一家专注疫苗领域的高科技生物制药企业，是行业领头羊，他们产品推广的主要方式就是产品展示，类似于销讲。在我们前期做调研的时候，学员普遍反映"整个演讲没有吸引力，没有特色，不能在一开始就吸引客户"，原因就是平铺直叙，没有设计开场白。

三、开场白的设计原则和方法

1. 开场白设计的3个原则

（1）为主题服务

无论采用何种方式，开场白一定是为主题服务的。所以，开场白一定要与主题密切相关，才能更好地衬托主题。

（2）吸引力

设计开场白的目的就是吸引学员，因此，不管采用什么方式，都要考虑学员的实际情况。开场白的设计要有针对性，同样一个主题，学员不一样，开场白也应该不一样。

（3）新颖

开场白要敢于创新，不要用老掉牙的开场白。如果你刚讲上文，学员就知道了下文，那么没有几个学员愿意听下去。

在培训中，很多老师的开场白没有创新，主要体现在两个方面：一是采用故事开场，通常是网络上的老套故事，缺乏新意；二是采用常用的互动活动，最常见的是"好，很好，非常好。耶！"这种方法很多培训师都在用，缺乏新意。

2. 常用的9种开场白

（1）提问法

提问法是最简单、最直接、最常见，也是最容易掌握的方法，无论何种主题都可以用这种方法。

各位同事，大家好，欢迎大家参加今天的培训。相信很多人都喜欢看葛优主演的电影。其中有一部名叫《天下无贼》，不知大家看过没有？这是部老电影了，其中有句关于人才的经典台词，是什么呢？"21世纪什么最贵？人才。"是的，21世纪最贵的是人才，人才是推动企业发展最重要的力量。如果招错了人才，将给企业带来巨大的损失。今天在座的各位同事都是各个部门的负责人，是决定是否录用某个人才的关键角色。那么如何招到合适的人才，为企业创造最大的价值呢？

这就是我今天要和大家分享的主题——运用行为面试法招到合适的人才。

案例中连续提了几个问题，这些问题比较简单，主要是为了得到大家的回应，引起大家的注意，然后将话题转到与主题相关的人才招聘问题上。

运用提问法开场，要注意以下几个问题：

① **提问必须与主题相关，避免离题万里，或者太突兀**。同样是上面的案例，如果你问"各位同事，大家好，请问大家平时喜欢看什么呢"，这样的问题就太空泛了，大家的回答会花样百出。

如果问"各位同事，大家好，请问大家平时喜欢看什么电影呢"，大家的回答依然会花样百出。你需要花很多精力才能把大家引到《天下无贼》上来。

再进一步，由于《天下无贼》是部老电影，很多学员可能会记不住甚至没看过，因此需要直接提示电影名称。直接点出《天下无贼》这部电影，范围就会缩小，得到的回应会更集中。不要绕太大的弯，否则会节外生枝——大家跟着你走了"山路十八弯"，绕了半天一直走不出来。

② **提问不能太直接**。如果提问直接与正文相关，那就是直奔主题式开场。

各位同事，大家好，大家认为招聘人才重不重要呢？

这种变相的直奔主题式开场是 TTT 中常见的现象，如此提问，就如同幼儿园老师先把一块糖给小朋友们展示一下，再藏回兜里，然后

第三章 一鸣惊人
开场白的设计原则和方法

问:"小朋友们,大家想不想知道我兜里藏的是什么?"小朋友们不会回答"想知道",而是会回答"想知道为什么还不给我们吃"。你已经让大家知道了答案,再故弄玄虚就没有吸引力了。

③ 提问不能太难。问题太难就没人回答,也就失去了吸引人的作用。

各位同事,你们认为企业发展最重要的因素是什么呢?是人才!那么到底人才对企业发展有什么作用呢?人才对企业的贡献率到底有多大?为什么企业普遍感觉缺乏人才?

这样的问题很好,但是太难了。大家可能会失去思考的兴趣。

④ 避免重复开场。重复就显得啰唆,无法吸引人。

各位同事,大家好,欢迎大家参加今天的培训。我今天分享的主题是关于人才招聘的问题。我相信很多人都喜欢看葛优主演的电影。其中有一部名叫《天下无贼》,不知大家看过没有?其中有句关于人才的经典台词是什么呢?"21世纪什么最贵?人才。"

培训师刚开始就已经告诉学员主题了,之后再绕一个圈子讲培训的主题,学员会感到厌烦。

我在培训课的训练中,提醒大家一定要"忍住,忍住",把"我今天给大家分享的主题是……"改为"在分享今天的主题之前,我先问大家一个问题(我先给大家讲一个故事)……",案例中的开场只要去掉"我今天分享的主题是关于人才招聘的问题"这句话,就是一个有吸引力的开场。

（2）讲故事法

开场时，讲一个有新意的与主题相关的故事，以吸引学员。

李老师讲"企业导师"的主题，把原版的故事进行了改编。

各位学员，大家好。我是今天主讲老师××，我正式分享主题之前，先给大家讲一个故事——"兔子和狼的故事"。

有一只狼，非常饥饿，正在到处觅食，突然在一个山洞的洞口外看到一只兔子，它走近一看，那只兔子正在全神贯注地敲击电脑键盘。

狼：兔子，我来啦！

兔子：狼大哥，你好！

狼：今天很奇怪呀，你怎么不怕我呢？用电脑干吗呢？

兔子：我忙着写论文。

狼：写论文？写什么呢？

兔子：我写的是"论兔子如何战胜狼"。

狼：哈哈哈哈！兔子战胜狼？凭什么？

兔子：资料、素材都在后面的洞里，你进去看看就明白了。

狼：你等着，敢骗我，等我出来再收拾你！

狼进去了，结果传来阵阵惨叫。好长一段时间后，兔子收拾好电脑，进了洞，看到一幅景象：一头狮子正满足地剔着牙齿，地上是狼的残骸。

狮子：兔子，过来，我告诉你一个成功的秘密——一个人，要想在职场获得成功，除了自己努力以外，最重要的是要找到一个好的老板。

一个好老板就意味着一个好的企业，一个好的企业就意味着一个好的平台。接下来，我就跟大家介绍一下我们的企业，让各位同学看看是不是一个好的平台。

运用讲故事法开场，需要注意以下3点。

• 讲的故事一定要和主题相关，不是为讲故事而讲故事。

• 故事一定要新颖，要与时俱进。一定要避免讲那些耳熟能详、陈芝麻烂谷子的"经典故事"。像本文的故事，就是经过改编的。

• 故事要经得起推敲，有一定合理性，必须考虑台下喜欢较真的学员。

（3）引经据典法

引经据典法就是引用经典的权威著作、名言等作为开场白。很多讲国学的老师常常用引经据典法开场。

我在讲"情境高尔夫"的时候，就会用引经据典法开场。

各位领导，各位伙伴，欢迎大家参加今天的培训。请问哪些伙伴经常打高尔夫？不会打也没有关系，我马上就会教大家，相信大家经过两天的培训，一定可以成为球场上的高手。

打高尔夫通常有两位教练。一位是初级的动作教练，他会教基本站姿和握杆、击球的动作。但是，光掌握这些基本动作要领还不够，真正到了球场，还需要更高级的教练，就是思维教练。打高尔夫应该具有某种思维，这种思维就是教练技术的创始人蒂莫西·高威总结并提炼出来的。高威发现，打高尔夫其实可以运用一种思维模式——GROWAY模型。

第一步：确定目标（goal），就是确定目标球洞，看要打哪个洞。

第二步：分析现实状况（reality），就是分析目标球洞所在的位置、距离、朝向、风向等。

第三步：设计击球方案（offer），就是设计如何打这个杆，需要选择什么样的球杆，需要多大的力度，用什么角度，这是非常关键的。

第四步：工作、实施（work），就是按照制定的方案挥杆击球。

第五步：调整动作（accord），如果没有打进去，需要重新制定方案，包括球杆、力度、角度等。

第六步：获得收益（yield），计算分数，获得成绩。

大家看看，这种 GROWAY 模式其实和工作、管理甚至生活是一致的，运用这样的思维方式可以提高我们的工作效率。因此，高威将高尔夫运动和管理结合起来，开创了"教练技术"管理模式，同时也开创了"高尔夫"的培训模式。

这样的开场，不仅让学员明白了"情境高尔夫"的来源，让大家初步了解贯穿"情境高尔夫"课程始终的 GROWAY 模式，还激发了大家的兴趣。

（4）案例运用法

用一个有代表性的与主题相关的案例作为开场白，也是一种有吸引力的方法，能立刻将学员带入主题。

有一次我给一家农业银行讲 TTT，一个学员讲的主题是"如何辨别钱的真伪"，这样的主题对一般人来说很有趣，但是对银行的人来说好像趣味不够。我建议她采用案例的方式开场。于是她向其他同事收集了关于假钱的真实案例，经过简单加工作为开场白，取得了很好的效果。

（5）数据列举法

开场的时候，提供一组翔实、准确的数据，可以吸引学员的注意。

有一次我给汽车企业讲 TTT，一个学员讲的主题是公司产品卓越的安全性能。为了引起大家对于汽车安全性的关注，他收集了一些权威的统计数据，既能让大家重视，又能说明该公司产品的安全性能好。

运用数据列举法时，需要注意以下两点。
• 数据列举法引用的数据一定要准确，表达要清楚。
• 讲专业技术、产品知识、行业趋势、生产研发等内容时，可以多用数据列举法。

（6）实物展示法

用一个实实在在的物体来展示，给大家直观的感受，会让人印象深刻。

有一次我给某上市公司讲 TTT，有个财务部的学员讲的主题是"报账发票的规范填写"。第一次展示的时候，他按照惯例用 PPT 讲解，我建议他用实物展示。第二次他去找了一些员工报账填写的发票单，一边演示一边讲解，效果非常好。

运用实物展示法时，要注意以下两点。
• 实物展示法要求培训师有较强的控场能力，对专业和实物非常熟悉，否则会弄巧成拙。
• 实物展示法可以运用在工具设备类培训及路演中。

（7）活动游戏法

设计一个与主题相关的游戏，给学员耳目一新的感觉，同时增强学员的参与性。

培训师首先给每人发一张A4纸，要求学员对折一次，再对折一次，撕下一个角。然后请大家展开看看，有什么不同。大家会发现纸上有一个洞，但每个人的洞几乎都不相同。

为什么会有这样的差别？因为沟通出了问题。因此，我今天给大家讲的主题就是"高效沟通"。

运用活动游戏法，需要注意以下5点。
• 要根据主题设计游戏。
• 要有正确的定位。这个游戏的目的到底是什么？一是引出主题；二是破冰，也就是热身游戏。
• 注意控场。
• 注意把控时间。游戏占的时间太长，容易冲淡主题。
• 游戏要有新意。像上面这个游戏，很多讲沟通的老师都在用，如果台下有参加过的学员，对其就没有吸引力了，而且有可能提前把谜底揭开。

此外，活动游戏法还需要考虑学员构成及场地情况。

① **游戏要结合学员的状况**。在培训开始的时候，参训学员并没有完全投入，如果开场游戏设计不合理就会引起大家的反感。

有一次我给某政府管理层讲"情境高尔夫"。助理说："各位领导，请全体起立。为了确保培训顺利进行，现在需要大家做一个热身游戏。请大家站到教室的空位上……"话说完，台下的领导们没有一个站出来，弄得助理很尴尬，只好邀请我上台。

我上台就采用最常用的开场方式：

第三章 一鸣惊人
开场白的设计原则和方法

各位领导,各位伙伴,大家好!……请大家统一回应"你好,我好,大家好"。

相对于热身游戏,这样的原地简单开场更容易被领导们接受。

所以,在做开场游戏时,要结合学员的具体情况,包括年龄、性别、岗位特征等进行,这又回到了 ADDIE 中的 A 环节。

② **游戏还要结合场地的状况**。场地的大小是选择游戏种类的一个主要参考因素。

有一次我给南方某银行讲 TTT,培训助教在第一天下午开场就做了一个互动游戏——水果蹲,就是将学员分为几个组,每组用一个水果命名,然后围成一个圈一起下蹲。当时培训教室较小,桌子也不能移动,结果大家无法形成一个圈,虽然勉强做了活动,但是效果不是太理想。在后面的环节,我就引导大家总结如何通过游戏开场。

(8)回顾法

回顾法就是在第二次上课的时候,运用回顾的方式对上一次的内容进行回忆,以此来强化大家的记忆,同时有效地链接新内容。

在上海"鹰隼部落"举办的"建构主义 7D 精品课程开发"认证班,我在第二天早上上课的时候就用了回顾法。

让我们来共同回忆,请大家看看这张 7D 的内容,昨天上午我们首先讲了 1D 部分,主要内容是"主题设计":需求分析、确定主题,以及设定培训目标。

昨天下午我们学习了 2D"结构设计",这是最烧脑的环节,对整个课程进行结构设计，确定基本框架。昨天晚上大家展示了自己课程的结构图，同时伙伴们一起共创和优化。

按照7D的流程，今天我们开始进入3D"内容设计"。内容设计中，包括知识点的开发、案例的开发和学习活动的开发……

同一个课题的不同时间段，如果前后授课的间隔时间长，更应该用回顾法作为开场，对前面的课程进行温习、回顾，帮助大家回忆以前的内容，"温故而知新"。几个老师或主讲者先后进行培训或者演讲，如果前面有老师讲过某个主题，后面上台的老师也可以用回顾法，回顾前面老师讲的内容，然后引出自己的主题。

（9）综合运用法

将以上几种方法综合运用，而不是单纯地用某种方法。通常来说，提问法和其他方法都可以结合起来运用，比如：

提问＋故事

提问＋引经据典

提问＋背景资料法

综合运用几种方法开场时，需特别注意以下几点。

① **充分准备**。对于同一门课程，通常要准备3个左右的开场白，在正式上台的时候，结合现场情景选择最合适的一个开场白。

② **适量**。开场白不能太多，否则会显得啰唆。通常一个经典的开场在3分钟左右。尤其是课程时间短的情况下，不能花太多的时间在开场上。

③ **选择最佳开场白，开始"接课频道"**。一个适合自己风格和主题

的开场，会带来良好的效果。长期运用这个开场白，就像打开接课的频道，会让自己尽快进入培训状态。同时，如果长期坚持下去，还会形成自己的风格。

我曾经用过多种开场白，后来就养成一个习惯，用"你好，我好，大家好"开场，每次课程我都用同样的模式。当然，这样的开场白其实类似于破冰，还要和相应的主题结合。

类似的开启授课频道的方式很多，有时候生活化的开场也能吸引人。有一位老师常用的开场是展示自己孩子的照片，第一张是儿子的照片，第二张是一对可爱的双胞胎。照片一出来，现场往往就会有"哦"的反应，老师就会给大家解释，这是一对龙凤胎，这时现场就会一片"哇"声，课堂马上活跃起来，很顺利地进入讲课频道。

四、关于开场白设计的答疑及工具

1. 关于开场白设计的 5 个疑问

疑问 1：每次培训都需要开场吗？

答：当然，就像人有头一样，开场白是人的头，正文是人的躯干，结尾是人的脚。无论什么场合、多长时间的培训，都需要开场白，只不过开场白的方式不一样。

每次讲话、培训都需要开场，甚至每一节课开始的时候也需要开场。只不过相对而言，培训的第一次开场需要更精心的设计。

疑问 2：开门见山不可以吗？

答：开门见山的开场方式，适合两种情况。

第一种，对象是在校学生或者有着良好学习习惯的人群，他们不需要培训师的努力就能把注意力集中在培训上。

第二种，主讲老师上台前，助教已经做了足够的"破冰"工作，这时主讲老师既可以来一段开场白，也可以直奔主题。

因此，开场白的工作实际上可以两个人做：一是主讲老师，二是助教。开场白只有一个人做也可以，但两个人做更好，如果两个人都不做，就不太合适了。

疑问3：专门设计开场白是不是显得太做作了？

答：专门设计开场白就像你参加一个正规的宴会，需要重视自己的着装一样，这不是做作，而是专业。

疑问4：除了前面的方法，还有什么方法可以让开场白更加精彩呢？

答：① **新颖性**。引用的形式和内容要与时俱进，尽量少用陈旧案例和故事。

② **生动性**。讲的内容要生动丰富，将语音语调全部调动起来，并结合身体语言。

③ **赋予情感**。不要把自己当成局外人和旁观者，让自己参与其中，带动学员也参与进来。

疑问5：开场白需要花多长时间？

答：开场白遵循两个原则：第一，占整个课程时间的10%，比如10分钟的演讲，开场白最多1分钟；第二，一般是3分钟左右，不要超过5分钟，比如一天的培训（6小时），开场白最多5分钟，而不是360分钟的10%，36分钟。

2. 关于开场白设计的工具

工具1：主持人的开场白模式

运用范围：各类培训

目的：吸引学员的注意力

适用对象：培训主管、主持人

具体步骤

第一步：问候学员。"大家好，欢迎参加本次培训。"

第二步：自我介绍。"我是××，是本次培训的主持人。"

第三步：介绍课程背景。"本次培训的主题是……，目的是……"（在这里可以导入开场白正式内容，如故事、活动等。）

第四步：介绍主讲老师。"因此，我们今天邀请的主讲老师是……，主讲……"（介绍主讲老师的3个身份。）

第五步：宣布培训纪律。"在主讲老师上场之前，我先宣布培训纪律。第一，……；第二，……；第三，……"

第六步：引导学员用掌声欢迎老师。"大家准备好了吗？好，让我们用热烈的掌声有请老师上台……"

第七步：交麦克风，下台。

工具2：培训师的开场白模式

运用范围：各类培训

目的：吸引学员的注意力

适用对象：培训师、主讲人

具体步骤

第一步：问候大家。"各位同事（学员、伙伴），大家好，欢迎参加今天的培训。"

第二步：自我介绍。"我是……"（如果主持人已经介绍了，则可以省略）

第三步：开场白的具体内容。（运用前面提到的开场白模式开场。）

第四步：过渡到主题。"因此，我今天讲的主题是……"

第五步：1分钟介绍主要内容。"我将从以下几个部分详细阐述今天的主题……"

第六步：开始正式授课。"现在，我们开始讲第一部分内容……"

表3-1是一个标准课程的3分钟开场白模式。

表3-1　3分钟开场白模式

步骤	项目	内容	备注	时间
第一步	问候大家	各位同事（领导、学员、伙伴）大家好，欢迎参加今天的培训（会议、论坛、沙龙、讲座……）	根据场景确定称谓	10秒钟
第二步	自我介绍	我叫××（如果主持人已经做了介绍，此处可以省略）	身份和职务不要超过3个，选择有特色和与主题相关的身份	10秒钟
第三步	开场白	各种开场白：提问、故事、案例、游戏等	根据现场情况选定课程的开场白方式	1分钟
第四步	过渡到主题	因此，今天我分享（交流、培训、主讲）的主题是……	简洁、有力、放慢速度，主题名称一定要清楚、完整	10秒钟

（续表）

步骤	项目	内容	备注	时间
第五步	概述内容	我今天分享的主要内容包括三个（四个、五个……）部分，第一部分……；第二部分……	只做一句话的简介，不要做更多的阐述，记住，这还不是正式培训	60~90秒
第六步	正式授课	现在我们开始讲第一部分……	可以根据需要选择其中某个部分进行详细阐述	5秒钟

本章小结

1.学习要点

掌握开场白的作用和流程，以及经典的开场白。

2.课后作业

① 为自己的每一门课程设计至少3种开场白；

② 为自己设计一种通用的开场白模式，打开授课频道，形成自己的风格。

第四章

丰富多彩
案例组织的原则和方法

ADDIE 小贴士

在课程开发中,搭建完基本的框架,有了开场,接下来就需要正文,正文中最重要的内容是案例。案例是最吸引人的。记住:讲道理不如讲案例,讲案例不如讲故事,讲故事不如演故事。

案例开发在培训教学中有重要价值,促进了学习与思考的有机结合。通过案例的开发和应用,学员不仅能在实践中深化对知识的理解,更能在反思与探讨中拓宽思维的边界。案例为学员提供了一个真实而具体的学习环境,让他们在实践中发现问题、思考问题、解决问题,从而真正实现学思结合,提升培训教学的效果与质量。

一、案例不当的 4 个常见问题

1. 案例无典型性

一个好的案例应该能够代表某一类问题或情境，具有广泛的适用性。如果所选案例过于个性或特殊，那么学员可能难以将其与实际工作或生活中的情况联系起来，难以做到举一反三，从而降低了案例的实用价值。

案例具有典型性，才能举一反三，激发大家向优秀靠拢，追求卓越。太过个性化的案例缺乏借鉴价值。

下面也是一位培训师所讲的故事。

大家今天来是想找到成功的秘诀。那么成功是否真的有秘诀呢？如果有的话，到底是什么呢？我给大家讲一个年轻人的故事。在10年前，有个年轻人，一没学历，二没资金，家里非常穷，一天只花费3

块钱，每天都是自来水加冷馒头（已经声泪俱下了）。他决定要做人上人。在最穷的时候，他也没有放弃对成功的追求，相信自己一定会成功。因此，他拼命寻找成功的方法。后来，他终于找到了成功的秘诀，并且成功了。这个人是谁呢？这个人就是我。今天我就把自己成功的秘诀分享给大家。大家欢迎不欢迎？

这是某些培训流派在用的案例，而且一直在用。这样的案例看起来很感人，其实经不起推敲，因为过于个性化的经历，不具有普遍性，自然缺乏说服力和借鉴意义。

2. 案例陈旧

只要在网上搜索"培训中常用的故事"，就会出现一些故事，主人公要么是一个企业家，要么是一个智者，要么是一个逆袭的草根，这样的故事一看就是编的，很难让人信服。

有一位老师，在讲解市场营销时使用了这样的案例：该传统零售连锁店长期以来依赖传统媒体广告（如电视、户外广告牌）来宣传品牌形象和促销活动。同时，店内也会定期进行折扣和优惠活动，吸引消费者前来购物。此外，连锁店还建立了会员制度，通过积分兑换和会员专享优惠等方式增加客户黏性。

上述案例很显然缺乏创新，与竞争对手的促销手段高度相似，忽略了电子商务和数字化转型的重要性。随着时代的变迁，消费者的购物需求和习惯发生了显著变化。然而，案例中的传统零售连锁店未能

第四章 丰富多彩
案例组织的原则和方法

及时洞察这些变化，依然沿用过去的营销策略，导致与消费者的需求脱节，作为案例讲解，显然与当下的市场趋势和社会发展不相宜。

3. 案例不能证明观点

案例不能证明观点，这在内训师授课中很常见。讲课的时候，培训师列举了很多案例，但案例是案例，观点是观点，二者不能互证，案例成了摆设。

4. 细节经不起推敲

有一次，一个老师讲了这样一个案例。

一次，美国西南航空公司一架从亚利桑那州首府菲尼克斯飞往加利福尼亚州的客机发生意外。客机因顶部出现大洞在亚利桑那州成功迫降，除一名空乘人员受轻伤外，其他人安然无恙。在出现意外的时候，大家都非常惊慌，一名叫艾米的乘客在飞机成功迫降前给她的先生发了一条短信："约翰，我永远爱你，请你照顾好我们的孩子。"

这件事情给我们的启发是：爱，不要等到快要失去生命的时候才去珍惜；爱，就在身边，好好珍惜吧。

刚听到这个案例，大家都感觉很好，但是后来突然有人发现："不对呀，飞机上怎么能发短信？"当时，飞机飞行过程中不能开手机等通信设备。

在培训中，类似存在细节漏洞的案例很多。其实只需要稍微修改一下，将短信改为纸上留言，就没有问题。

这个案例给我们培训师两点启示：第一，案例需要不断更新，也需要不断地挖掘，可以"老树开花"；第二，培训师一定要有一点完美主义特质，在选择案例的时候要小心再小心。

二、案例设置的管理学原理和作用

1. 案例设置的管理学原理

（1）实践导向原理

管理学是一门实践性很强的学科，它强调通过实践来理解和应用管理理论。案例设置正是为了让学员在具体的实践场景中，通过分析和尝试解决实际问题，理解和掌握理论知识，并能够将这些理论应用于实际问题的解决中。

因此，实践导向原理首先要求案例应该来源于真实的企业环境、管理场景或社会问题，确保能够在熟悉和贴近实际的情境中进行学习和思考。其次，案例应该具有可操作性和可实践性。这意味着案例应该包含具体的问题、任务和挑战，要求学员进行分析、决策和实施方案；应该在培养学员更深入地理解和掌握管理学的理论和方法的同时，培养他们的创新思维和解决问题的能力。最后，还应注重学员的参与和互动。引导学员之间积极参与讨论，与他人合作共同解决问题，有助于提高学员的主动性、积极性和创造性，培养他们的团队协作和沟通能力。

（2）证实偏见原理

证实偏见是指，人们普遍偏好能够验证假设的信息，而不是那些否定假设的信息。

如果培训师仅仅提出某个观点,而没有运用案例进行论证,那么就很难让人接受这些"干条条"。现在的学员都不喜欢理论式培训,更不喜欢教训式培训。当培训师提出一个观点时,学员就可能会想"为什么呢""那又怎么样呢",所以培训师必须通过案例来论证观点。

证实偏见还有另外一个含义:由怀疑产生怀疑。如果听众对你的观点产生怀疑,就会对你的论据产生怀疑;同样,如果怀疑你的论据,就会怀疑你的观点。因此,证实偏见原理要求培训师在案例选择时必须遵循相关的原则。

(3)以点带面原理

一个好的案例必须具有典型性,起到以点带面的作用。因为无论这个案例有多么棒,它也仅仅是一个案例,如果不能从这个案例得到普遍性的结论,那就只停留在一个案例上。由此及彼、举一反三才是设置案例的真正目的。

(4)奥卡姆剃刀原理

奥卡姆剃刀原理也称"简单性原则",即"如无必要,勿增实体",切勿浪费较多资源,用较少的资源同样可以做好事情。

这个原理告诉我们,案例是必要的,但是不要太多,不要堆砌,而是要将案例有效地组织起来。通常来讲,一个观点最多举例不超过三个。重要观点可以举例三个,次重点可以举例两个,一般的只需举例一个。

请牢记,运用案例的目的是让学员记住观点,而不是案例。案例是为观点服务的,讲案例的时候,一定要提示观点。如果你去约会,对方只记住了你穿的漂亮衣服,而没有记住你,是不是很悲催?

2. 设置案例的作用

（1）促进理论与实践的结合

案例通常基于真实世界的情境和问题，这使得抽象的理论知识得以在具体实践中得到应用和检验。

（2）激发学习兴趣和积极性

好的案例往往具有故事性和趣味性，能让课程形式更加丰富，同时吸引学员的注意力，并激发他们的好奇心。通过参与案例的分析和讨论，学员可以更加主动地参与到学习过程中，提高学习的效果和质量。

（3）促进团队协作和沟通

在案例分析过程中，学员通常需要与他人合作，共同讨论和分析问题，这有助于培养学员的团队协作能力和沟通能力。

（4）评估学习效果和反馈

案例也可以作为评估学员学习效果的一种方式。通过分析学员在案例分析中的表现和反馈，培训师可以了解学员对知识的掌握程度以及存在的问题，从而进行有针对性的指导和帮助。

三、案例设置的原则和方法

1. 选择案例的 4 个原则

（1）真实性原则

案例应基于真实事件或情境，既经得起推敲，也能反映现实工作中的问题和挑战。这样可以增强学员的代入感，使他们更容易理解和接受案例内容。

（2）适应性原则

案例应根据学员的年龄、背景、知识水平和兴趣进行设计，以确保案例的吸引力和相关性。同时，案例应与教学目标和课程内容紧密结合，满足教学需求。

（3）时效性原则

案例选择应该与时俱进，培训师应关注当前社会的热点问题和最新发展动态，确保案例内容具有现实意义和参考价值。

（4）启发性原则

案例应具有一定的启发性和挑战性，能够激发学员的思考和讨论。案例中的问题应具有一定的深度和广度，引导学员进行深入分析和探索。

2. 案例的 3 个来源

（1）直接引用

① **培训需求调查所得**。在需求调查中获得的案例，是培训内容中案例的重要组成部分。一定要充分利用培训需求调查中获取的信息。

② **公司公布的资料**。这些资料一定是公开发布的正式资料，而且是最新资料。除了通过公司网站、文件获取资料外，培训师还要与公司的相关部门保持良好的关系，从而获得更多一手资料（当然基于遵守保密等原则）。

③ **专业杂志**。平时多阅读与自己的培训方向相关的图书和杂志，

不断吸收新知识，收集新案例。

④ **网络**。这是最简单、直接的方法。需要注意的是，一方面，通过网络收集案例时，要注意鉴别信息的真伪；另一方面，在网络上培训师和学员获取的信息内容差不多，这给培训师选择案例带来了很大的挑战——如果老师要讲的学员提前都知道了，培训就没有意义了。因此，培训师不能照抄网络上的内容，而是要对案例素材进行加工和整理。

⑤ **其他渠道**。案例来自生活。做个有心人，你会发现生活中处处都有案例。

（2）改编

将已有的案例进行适当的改编，形成新的案例。

① **改变内涵**。将已有的案例进行相应的调整，赋予新意。比如，前文曾经提到的这个故事：

（一只很饥饿的狼在到处觅食，终于在一个山洞的入口处发现一只兔子，兔子正在电脑前忙活。）

狼：兔子，我来啦！

兔子：狼大哥，你好！

狼：今天很奇怪呀，你怎么不怕我呢？用电脑干吗呢？

兔子：我忙着写论文。

狼：写论文？写什么呢？

兔子：我写的是"论兔子如何战胜狼"。

狼：哈哈哈哈！兔子战胜狼？凭什么？

兔子：资料素材都在后面的洞里，你进去看看就明白了。

狼：你等着，敢骗我，等我出来再收拾你！

第四章 丰富多彩
案例组织的原则和方法

狼进去了，结果传来阵阵惨叫。好长一段时间后，兔子收拾好电脑，进了洞，看到一幅景象：一头狮子正满足地剔着牙齿，地上是狼的残骸。

狮子：在这个世界上，想要顺利通过考核，除了自己认真写论文以外，关键要看导师是谁！

这个故事在网络上流传很广，我当初看到这个故事时就感觉很有意思，于是进行了改编。比如在 TTT 中，为了说明培训师要想获得更快的进步和提升，要找到好的老师进行指导，我把这个案例进行了改编。

（前文省略）

狼进去了，结果传来阵阵惨叫。好长一段时间后，兔子收拾好电脑，进了洞，看到一幅景象：一头狮子正满足地剔着牙齿，地上是狼的残骸。

狮子：兔子，你要想在培训行业获得成功，除了自己的努力以外，关键还要找到一个好的老师。

② **改变角色**。还是"兔子和狼"的故事，因为流传很广，很多人都知道了，没有新意，所以可以改变角色。比如，把兔子变成喜羊羊，把狼变成灰太狼，不仅有了新的角色，而且与时俱进，有可能获得更多的笑声和掌声。

③ **改变情节**。在培训的这个环节，我通常会让大家编纂"龟兔赛跑的故事"，有以下几个要求：第一，兔子必输，每次都是；第二，不能重复，兔子每一次输的原因都不一样，比如，不能每次都是"兔子

睡觉了，所以又输了"；第三，有合理性，经得起推敲。

训练通常采用故事接龙的方式，然后按照要求一起讨论，修改故事。

④ **升华案例的意义**。著名的演讲家和培训大师金克拉讲过一个"踢懒猫的故事"：某公司经理加强了考勤制度，结果自己迟到被罚款，然后他怪罪秘书，秘书怪罪打字员，打字员怪罪清洁工，清洁工怪罪自己的儿子，儿子没有办法，只有怪罪猫，踢了猫一脚。培训师在讲职业化、心态课程的时候常常引用这个故事。这个故事生动、形象地说明了人会习惯性地推卸责任、抱怨他人，但仅仅是揭示现象，并没有直接阐明这种现象带来的不良后果。

我把这个故事进行了如下改编。

一家企业的一个经理，为了严格管理员工考勤，规定只要上班迟到，无论什么理由都要罚款 50 元。制度实施后，员工无论任何理由迟到都被罚款。后来有一次，这个经理头一天晚上应酬客户，很晚才回家，第二天早上起晚了，眼看就要迟到，还老是遇到红灯，紧赶慢赶，结果还是迟到了，被罚了款。这时经理心中充满了怨气，于是他叫来秘书。

经理：我昨天安排你送一份重要的文件给总经理，你送了没有？

秘书：经理，我还没有送。

经理：为什么没有送？

秘书：你不是说还有部分内容需要修改吗？所以我想等你修改后再送。

经理：谁让你自作主张的？我让你送，你就应该送。这点事情都干不好，是不是不想干了？不想干就走人！

秘书一肚子委屈，心里想这经理简直是无理取闹，我辛辛苦苦做

第四章 丰富多彩
案例组织的原则和方法

了这么多工作，没有一句好话就算了，还经常挨骂。秘书从经理室出来，正好看到行政部的文员。

秘书：刚才给你的那份资料，你打印好没有？

文员：还没有呢，你没有说急着要啊！

秘书：还没有？你是怎么做事的？这么简单的事都做不好？

文员：我在忙其他事情，还没来得及打印。

秘书：来不及？我的事就不是事吗？你到底什么意思？对我不满吗？有什么不满直接说出来。

文员心里想：就你这样的态度，我有不满还敢说？你这个狐假虎威的家伙，我帮你做了那么多事情，却要受这样的委屈……这时，一个清洁工过来了。

文员：清洁工，赶快过来擦擦办公桌。

清洁工：好的，我把这边擦好了就过去。

文员：为什么不先做这里的清洁？这不是该你做的吗？你是怎么做清洁的？

清洁工本来正在认真工作，没想到这个小小的文员劈头盖脸地一顿骂，虽然满腹怨气，但是没有办法发作。下班了，清洁工回到家里，看到10岁的儿子居然在玩电脑游戏。

清洁工：玩什么游戏，还不去做作业？

儿子：作业早就做好啦，放松一下嘛！

清洁工：放松？你整天什么事都不干，还放松？我这么累，怎么没有放松？作业做好了，不可以多看看书吗？一点不求上进，将来怎么能有出息？

儿子早早把作业做完了，正等着妈妈表扬呢，没想到竟是这样的结果，满肚子的怒火无处发泄。这时候，家里那只肥胖的猫刚刚睡醒，

107

慵懒地走过儿子身边。愤怒的儿子一脚踢过去，懒猫正想着今晚的美食呢，哪里想到来这么一出，只听它"喵"的一声惨叫，从窗口蹿了出去，刚好落在一个人的肩上，这只一向温和的懒猫怒不可遏，一口咬下去……只听那人一声惨叫。

大家猜猜，这个被猫咬的人是谁？对，就是那个经理，正所谓"抱怨引来抱怨，责备带来责备"。

听众在笑声中一定会明白这个故事的真谛。

（3）自编

自己根据经历或者见闻编撰案例，这样的案例更具真实性。

① **自己听说的案例**。需要强调的是，这种案例要经得起推敲，不要把谣传当成案例。如果拿不准真假，就不要用它当案例。

② **身边人的案例**。自己同事、朋友、亲属的一些事情，也可以改编为案例。

③ **自己经历的案例**。这种案例相比其他的更经得起推敲，一般情况下没有人怀疑它的真实性。自编的故事一定要经得起推敲，否则有可能弄巧成拙。我自己就经历过这样一件事情。

有一次我给一家企业讲管理技能方面的课程，核心内容之一是性格分析。我就讲了一个"孩子拼地图的故事"。故事原本是这样的。

一个年轻的父亲是单位的经理，工作非常繁忙，经常加班，有时还把工作带回家里做。一天他又在家里忙工作，这时5岁的儿子过来了。

儿子：爸爸，陪我玩玩吧！

第四章　丰富多彩
案例组织的原则和方法

父亲：儿子，爸爸正忙着呢，你自己一个人玩吧。

儿子：我一个人不好玩，爸爸你陪我玩吧。

父亲：儿子，要听话，乖。

儿子：爸爸不乖，不陪我玩。呜呜呜……

父亲一看，不陪儿子玩，这个小家伙会捣乱的，刚好，他看到旁边的一张世界地图。

父亲：儿子，你过来，看看这张地图，我教过你的，你把中国、美国、德国都指出来给我看看。

儿子很高兴，非常准确地指出来了。

父亲：好，看来你都记住了。那现在这样，我把这张地图撕成十几块，你要按照各个国家的位置重新拼好。拼错了，你就继续拼；拼好了，我就陪你玩。

儿子高兴地拼地图去了。父亲心想：要把这张世界地图拼好，够这小家伙忙活的，怎么也要半个小时，我就可以把工作做完了。

没想到，不到5分钟，儿子居然拼好了。父亲拿过来一看，好家伙，还真拼对了。

父亲：儿子，你太棒了！这么快就拼好了，告诉爸爸，是怎么拼好的？

儿子：是这样的，先前我自己玩的时候，就在这张地图的背面画了个头像，就是你的头像。我拼的时候，就是按照你的头像拼的。所以，这个头像拼好了，世界地图也就拼好了。

相信这个故事很多人都知道，当时我也在猜，也许有人知道，不如我来个创新，把故事中的父亲改成我自己。那时我还没有孩子，于是我把那个孩子改为我的侄儿，自认为这样一来就天衣无缝了。现场讲完，果然获得了掌声。休息的时候，我还在为自己的创新而窃喜，这时一个学员走过来说："段老师，你刚才讲的拼地图的故事，是你改编的吧？我曾经在某本书上看到过。"

我在接下来的课程上坦白了这是个编造的故事，强调不要看故事本身，而要看故事的启示，从而获得大家的理解。这件事情给我留下了深刻的印象，后来每次讲TTT，我都不惜"自暴家丑"地讲这个案例，以引起大家的重视。

总之，案例最好是真实的案例，如果要编也要编得合理。并不是所有的故事都可以作为案例，培训毕竟不是邻里之间拉家常，不要把家里发生的任何事情都拿到课堂上讲，案例故事必须典型、紧扣主题。

3. 案例加工的原则和思路

就如同艺术创作一样，案例来源于生活，但是高于生活。培训中的案例，都需要进行加工，以满足主题的需要，为培训服务。

在TTT培训过程中，相对于其他的授课方法和技巧，案例的加工是最难的，大家要么感觉没有案例，要么对案例进行的加工存在问题。

（1）案例加工的原则

案例加工需要符合这样的原则：紧扣主题、有合理性、有具体的含义、有新意。

（2）案例加工的思路

案例加工的思路主要有以下两个。

① **个性化到普遍化**。有一次我给通信企业讲"情境高尔夫"课程，主题是"情境高尔夫——向下管理"。在前期收集案例的时候，参训学

第四章 丰富多彩
案例组织的原则和方法

员提供了这样一个案例：他的一个能力很强、脾气很大的下属在单位组织的一次篮球比赛中，和其他员工发生了严重的冲突，引起了不小的麻烦。他希望在培训中能够谈谈如何应对这种脾气暴躁的下属。

在收集到这个案例后，我结合前期收集的其他案例，对这个案例进行了加工，把"篮球场上的冲突"变成了"工作中的某次冲突"，同时将这个员工的名字换成了贯穿整个培训的一个角色"张三"，这样既可以针对下属冲突这样的案例进行分析，又可以避免对号入座可能引起的麻烦。

② **契合培训场景**。案例的真实性包括两个含义：第一，案例本身是真实的，而且具有典型性，能论证观点，但是现实中这样的案例不多；第二，经过加工的案例，与培训场景契合，这就有点类似艺术创作。但是加工并不意味着瞎编，或者胡编乱造，需要符合一定的原则。主要有两点：第一，注意细节，防止有漏洞；第二，情节经得起推敲。

像龟兔赛跑这样的童话故事，如何与培训相结合？那就是把"我"放在里面，也就是将培训师自己放在故事里面，这样案例和故事才具有感染力、说服力。

如何训练这样的能力呢？我们在"鹰隼计划"的训练中，采用自编故事的方式来训练大家。第一种，命题作文"工作中的事情"。小组成员结合主题，将工作中发生的事情描述出来，大家共同研讨、完善，同时也把其他同事表述的故事记下来备用。第二种，根据指定词语编故事。如用"房子、桥、钥匙、锁、兔子、狗、我"这7个词编一个完整故事。要求：7个词语必须用上，不要求先后顺序；时间3分钟以上；故事流畅，具有吸引力。

这样的训练，能够在短时间内锻炼大家的案例编写能力、表达能力、创新能力。

4. 案例的呈现方式

在课程开发中，编辑好了案例，还需要合理地呈现。案例如何在培训中呈现呢？主要有以下几种方式。

（1）PPT 呈现

这是最常用的一种方式。需要注意的是，如果全部用文字来展示案例，最好所有内容在一张 PPT 中呈现。

有一次一位培训师讲课，用 PPT 来呈现案例，由于内容太多，需要用几张 PPT，当他翻页的时候，有学员说"我还没有看完"，而另外的学员则要求翻页。可见，用 PPT 演示纯文字的案例，这样的方式不够友好。

用 PPT 演示案例需要进行专门的设计，详细内容见本书第五章"锦上添花：课件制作的方法和技巧"。

（2）以讲授的方式来呈现

这是有演讲功底的老师最常用的方式，同时结合 PPT，是目前讲授型培训中最常用的方式。

（3）发放资料

发放资料，指的是将案例打印成资料，现场发放，以便大家讨论。

我在读 EMBA 的时候，具有海外商学院背景的老师通常就用这种方式，这就是所谓的案例教学。在我们所学习的"创新与企业家精神"这门课程中，四天的课程，发放的资料中内容翔实的案例占了 1/3。

在常规的培训中，虽然真正运用案例教学的地方不多，但是依然可以用发放资料的方式，既显得有新意，又避免 PPT 展示的不完整性。这其实也是课堂互动的一个技巧。

（4）视频呈现

通过视频的方式来呈现案例有两种类型：一是节选著名影视作品、专家访谈、技能实操录像中的片段，在授课的时候展示出来，这是很多老师在采用的方式，相对发放资料和讲授，更有新意和吸引力；二是专门摄制视频资料，这是目前国外培训中运用最多的方式。

（5）人物扮演

案例在培训现场的呈现除了上述方式外，还有一种方式就是学员现场表演，也就是常说的"角色扮演法"。这既是一种案例呈现的方式，也是一种培训模式。需要注意的是，对于一些复杂的内容，需要提前写好剧本，同时要找对人。

在我们给上海某银行所做的TTT课程中，有一组学员的主题是"营业厅的顾客投诉"，就采用了角色扮演的案例呈现方式。当时他们结合性格分析，让一位D型学员扮演客户，让一位S型学员扮演客服经理，现场表演取得了很好的效果。

案例呈现是课程开发中非常重要的环节。在设置案例的时候，需要规划好用哪种呈现方式，这也是课程设计的内容之一。

四、关于案例设置的答疑及工具

1. 关于案例设置的5个疑问

疑问1：案例包括什么？什么可以当作案例？

答：广义的案例包括一个场景、一个故事、一个笑话、一段话、一个数据、一张图片……你能想到的能够证明论点的都可以当作案例。

狭义的案例是指：有背景、有情节、有结果的完整事例。

疑问2：案例的难度如何把握？

答：案例的难度设计是一个重要的考虑因素，它直接影响到学员的学习效果和参与度。如果案例过于简单，学员可能觉得缺乏挑战性，无法激发他们的学习兴趣；如果案例过于复杂，学员可能会感到困惑和无从下手，导致学习动力下降。因此，培训师在设计案例时，需要根据学员的实际水平和教学目标来合理把握难度。同时，培训师还可以根据学员的反馈和表现，适时调整案例的难度。

下面以销售技巧培训为例，讲讲案例设计的难度把握。

某企业正在组织一场销售技巧培训，目的是提升销售人员的专业技能和业绩。培训师需要根据销售人员的实际水平和培训目标，选择适当难度的案例进行教学。

① **分析销售人员水平**。培训师首先通过问卷调查、业绩分析等方式，了解销售人员的销售经验和技能水平。发现大部分销售人员有一定的销售经验，但面对复杂销售情境时处理不够得当，需要进一步提升高级销售技巧。

② **确定培训目标**。根据企业要求和销售人员的实际情况，培训师确定本次培训的目标是提升销售人员在复杂销售环境中的谈判能力和客户关系管理能力。

③ **选择案例**。根据案例的难度进行选择。

基础案例：选择一些常见的销售场景，如客户询价、产品介绍等。这些案例相对简单，适合销售人员复习和巩固基础知识。

中级案例：选择一些涉及客户异议处理、价格谈判等稍具挑战性的销售场景。这些案例能够激发销售人员的思考，并促使他们运用所学的销售技巧。

高难度案例：选择一些复杂的大型项目销售案例，涉及多轮谈判、团队合作、客户关系维护等多个方面。这些案例难度较高，需要销售人员综合运用高级销售技巧，进行深入分析和策略制定。

④ **难度系数调整**。在实际教学过程中，培训师根据销售人员的反馈和表现，适时调整案例的难度。如果发现某个案例对大部分销售人员来说过于简单或过于复杂，培训师应及时替换或调整案例内容，以确保案例的难度与销售人员的能力相匹配。

⑤ **案例讨论与总结**。培训师引导销售人员对案例进行深入讨论，分享各自的处理方法和经验教训。

通过总结不同难度案例中的关键点和策略，帮助销售人员形成系统的销售思维和方法论。这种有针对性的案例教学方式有助于提升销售人员的专业技能和业绩水平，实现培训目标。

疑问3：如何收集案例？

答：每次 TTT 培训都有学员问我："段老师，我们都是兼职的培训师，不像职业培训师能花很多时间去收集案例，该怎么办呢？"方法只有一个——做有心人。

① **事留心**。看到的、听到的、做过的都可以作为案例。上网搜索、看电视收集，这些都是收集案例的好途径。

② **做好记录**。好记性不如烂笔头，遇到有价值的信息一定要记下来，不一定记完整，记好关键词就可以。

有一次，跟一个学员交流，我正要说话，他掏出笔说："段老师，先等一下，我要记录。"我立刻就认真起来，本来以为只是随便聊聊，看到对方要记笔记，这就是留"证据"了，说话就要认真点。

③ **团队合作**。培训师之间要多交流、互动，分享案例。

④ **老师的心态**。培训中我经常问学员：要想成长得快，培训师应该具备什么心态——老师的心态还是学生的心态？大多数学员的回答是学生的心态，这说明学员很谦虚好学。但是仅仅谦虚还不够，培训师还要有老师的心态——看到一些信息，就要想"这个可以当案例吗？如果可以，该怎么讲呢？"

疑问4：我选择的案例都很平实，缺乏吸引力，怎样让平实的案例变得精彩呢？

答：① **增强新颖性**。案例要新，与时俱进。

从时间上说，要收集最近发生的事情，通常1年之内发生的事情最好，其次是3年以内的，5年是上限，超过5年的就属于陈旧案例。

从内容上说，也要有新颖性，不要用那些大家熟知的、老掉牙的故事。比如要用童话故事，就不要总是"灰姑娘""白马王子"之类的，"神马都是浮云"了，何况"白马"。

② **增强情节性**。相对来说，有情节的案例更具有吸引力。对于情节的敏感性，也许是人类与生俱来的。

③ **增强趣味性**。有趣的案例总是能引起学员的注意。人的本性都是追求快乐的，愉悦能给身心带来积极的力量。

④ **增强哲理性**。有哲理性的案例往往更有意义。

培训师要善于在一些看似平常的事情中提炼出哲理。培训、管理并不用讲什么高深的理论，实际上，所有的理论都来自生活。只要用心去发现，用脑去提升，总会有所收获。大浪淘沙始见金，沙粒不是

第四章　丰富多彩
案例组织的原则和方法

案例，金子才是案例。培训师重点要做的就是淘沙。

疑问5：如何设置培训课堂中的案例数量和教学时长？

答：在案例教学中，案例的数量和时长也是需要考虑的问题。过多的案例可能导致学员感到疲惫和难以消化，而过少的案例可能无法满足学员的学习需求。因此，培训师需要根据教学目标和学员的实际情况来合理控制案例的数量和时长。

某企业正在进行一场为期两天的销售技巧培训。培训目标是提升销售人员的沟通能力、谈判技巧以及客户关系管理能力。为了保证培训效果，培训师需要精心控制案例的数量和时长。

① **案例数量控制**。考虑到培训时间为两天，培训师共选择了6个案例。这些案例涵盖了从基础到高级的销售技巧，确保销售人员能够全面学习和实践。每个案例都紧密围绕培训目标，确保销售人员能够通过案例学习掌握相关技巧。

② **案例时长控制**。每个案例的讲解和讨论时间控制在30分钟至45分钟之间。这样既保证了销售人员能够充分了解案例背景和问题，又有足够的时间进行思考和讨论。

对于较为复杂的案例，培训师要提前进行拆分，将其分为几个部分进行讲解和讨论，以避免单个案例时间过长导致销售人员疲劳或失去兴趣。

③ **互动与讨论环节**。在每个案例讲解后，培训师都要安排一定的时间供销售人员进行互动和讨论。

互动和讨论环节的时间控制在10~15分钟之间，这样既可以检验销售人员对案例的理解程度，也可以确保销售人员能够充分参与并有所收获。

④ **案例总结与回顾**。在每个案例学习结束后，培训师要进行简短的总结，强调案例中的关键点和策略，帮助销售人员巩固所学知识。

在培训的最后阶段，培训师还要组织一次全面的回顾，将所有案例串联起来，帮助销售人员形成系统的销售思维和方法论。

⑤ **结论**。通过精心控制案例的数量和时长，培训师能够确保培训课堂的紧凑性和高效性。销售人员既能够在有限的时间内充分学习和实践销售技巧，又能保持较高的学习热情和参与度。这种有针对性的培训方式有助于提升销售人员的专业技能和业绩水平，实现培训目标。

2. 关于案例设置的工具

工具：案例设置考核表（见表4-1）

运用范围：各类培训

目的：评估案例设置是否合理

适用对象：培训师

表4-1 案例设置考核表

考核内容	评分（0~10分）	备注
1.案例的典型性		是否可以举一反三，由此及彼
2.案例的新颖性		3年以内，最好是新近发生的案例
3.案例的趣味性		是否有趣、吸引人
4.案例的多样性		是否有各种形式的案例
5.案例的可靠性		是否经得起推敲

(续表)

考核内容	评分（0~10分）	备注
6. 案例的论证性		是否能论证观点
7. 案例的数量		1~3个案例
8. 案例的来源		是否有多种来源
9. 案例表达的流畅性		是否流畅

说明：培训师在设置案例的时候可以将此表作为参考和依据，同时对自己的案例进行评估。

本章小结

1. 学习要点

① 理解案例的作用和原理；

② 掌握案例的设计原则；

③ 运用案例的加工和呈现方式。

2. 课后作业

① 整理令自己印象深刻的3件事；

② 编写"龟兔赛跑故事新编"；

③ 以"房子、桥、钥匙、锁、兔子、狗、我"为关键词编写故事。

将以上故事整理加工成故事案例集，以备不时之需。

第五章

锦上添花
课件制作的方法和技巧

> **ADDIE 小贴士**
>
> 课程内容基本做好了，就需要把这些内容变成课件。以 PPT 为核心的课件制作技能是培训师的基本能力，课件也是课程的必备要素。在数字化时代，PPT 不像以前那么复杂，但是也有相应的技术要求。本次修订在这里做了大量的删减，便于培训师快速掌握。

第五章　锦上添花
课件制作的方法和技巧

一、课件制作中常见的 3 个问题

在完成了框架设计及内容开发之后,接下来就要将我们的想法变成课件,以辅助教学。课件制作既要考虑培训师的教学需求,又要考虑学员的学习需求,因此完整的课件是由各类学习材料组成的课件包,也是老师们开发精品课程必备的内容。但是大部分老师在这方面的准备存在不足。

1. 课件单一不完整

现在有很多企业内部培训师及职业培训师认为课程就是 PPT,只要把 PPT 制作好就是把课件制作好了。可一个课程 PPT 可以同时面向培训组织者、学员、学员的领导及各类培训机构的业务人员吗?显然是不可能的,不同角色对课程的理解及需求不同,PPT 无法承载精品课程的内容,更不利于知识的传播与沉淀。

2. 对学习材料的功能认识不清

完整的课件包由各类学习材料组成，每个学习材料对应不同角色，有不同的作用，但一些培训师并不清楚其价值和作用，认为这些学习材料跟课程开发、课件制作的关联性不大。其实一门优秀精品课程的传播及学习落地，离不开培训师对每种学习材料价值的充分开发和运用。

3. 课件缺乏整体规划

有些培训师认识到各类学习材料的价值与作用，但在制作时缺乏统一的定位与规划，未根据课程的定位与规划进行区分，不能有效体现每类学习材料的作用。

二、课程"六件套"的制作和整理

一门精心开发的课程一定有配套完整的学习材料，这些学习材料称为"课件包"。每种学习材料都有自己的价值和作用，都是课程的必备材料。

常见的课程一般有课程定位说明书、课程简介、教学指导图、讲师手册、学员手册和考试题库六类学习材料。其中课程简介、教学指导图、讲师手册"三件套"非常重要，是核心的教学材料，缺一不可。

课程"六件套"如图5-1所示。

第五章 锦上添花
课件制作的方法和技巧

```
┌─────────────┐  ┌─────────────┐  ┌─────────────┐
│ 课程定位说明书 │  │  课程简介   │  │  教学指导图  │
└─────────────┘  └─────────────┘  └─────────────┘

┌─────────────┐  ┌─────────────┐  ┌─────────────┐
│   讲师手册   │  │   学员手册   │  │  考试题库   │
└─────────────┘  └─────────────┘  └─────────────┘
```

图 5-1 课程"六件套"

接下来对这"六件套"学习材料从含义、作用和价值，以及操作方法等方面进行阐述。

1. 课程定位说明书的制作

课程定位说明书，用于对开发的课程进行需求分析，通过运用需求调研方法、分析调查内容，初步确定课程名称、培训对象、时长、主要内容框架、课程目标等。

课程定位说明书的主要作用有以下几方面。

第一，帮助培训师在课程开发之前，对即将开发的课程进行需求调研，对课程目标和主要内容进行初步的整体规划。

如果一个培训师不做课程定位，课程的针对性将会受影响，开发的课程可能不符合学员的需求；同时培训师在课程开发的过程中会存在某些困惑，比如到底要开发哪些内容、开发多少内容等问题。

第二，帮助主管部门初步审核课程。一门精品课程要被学员、学员领导及培训主管部门认可，真正在企业实施培训、被学员应用实施及改变绩效才有价值，所以首先要确保课程是符合学员需求的，是可以真正解决学员问题的，这需要企业培训主管部门、学员的领导对课程进行初步审核，符合企业的需要才能开发。培训的主管部门通过审核课程定位说明书，判断课程的价值，发现问题并及时纠正。

第三，帮助培训师了解学员的状况与需求。培训师可以通过课程定位说明书中的培训需求分析的方法及调查的内容来了解学员的基本状况、培训可解决的问题，确定学员的痛点，以更好地确定课程开发的目标及主要内容。

表5-1是常用的课程定位说明书模板，供大家参考。

表5-1　课程定位说明书

课程主题		预估时长	
培训对象		主要侧重培训对象	
课程背景			
1.希望解决什么问题？ 2.为什么要开发这个课题？			
培训对象的特点			
（他们的层级、水平、原有知识和技能如何？）			
培训需求分析范围	□学员 □组织培训者	□学员的领导 □同事或好友	
培训需求分析的方法	□人员访谈法，对象： □问卷调查法，对象： □现场观察法，对象： □专业测评法，对象： □资料分析法，资料： □会议讨论法，内容：		
调查内容	1.通过本次培训解决哪些具体的问题？		
	2.产生这些问题的原因有哪些？		
	3.这些问题对绩效产生的影响有哪些？		

(续表)

调查内容	4. 问题发生的频率有多高？跟多少人有关？
	5. 希望本次培训的重要内容是什么？
	6. 希望本次培训的方式是什么？
确定培训对象痛点	
培训对象收益（学员培训后了解了什么？掌握了什么？转变了什么？提升了什么……）	
确定本课程目标和收益	
确定本课程主要内容	
确定课程名称	

2. 课程简介的制作

课程简介是对课程进行整体性的介绍，让客户及采购课程负责人等能通过课程简介对课程有整体的了解，因其重要部分是课程大纲，因此也叫"课程大纲"。

课程简介是课件包中的必备材料，是"课程核心三件套"之一，"课程核心三件套"还包括教学指导图、讲师手册（讲师版 PPT）。

课程简介主要有课程背景、课程对象、课程时长、课程目标、教学方式及课程大纲等内容。客户及采购课程的负责人通过看课程简介，可以对课程有初步了解，进行初步采购意向的判断。

对于职业培训师来说，课程简介是获得客户采购课程的敲门砖，所以要特别重视课程简介的制作。

在企业内部培训中，企业培训组织者及部门主管也通过课程简介来了解培训内容，从而判断课程是否符合学员的需求，或根据课程简介安排相应员工来参加培训。

表 5-2 是常用的课程简介模板，供大家参考。

表 5-2　课程简介

课程背景	
课程对象	
课程时长	
课程目标	
教学方式	
课程大纲	第一部分：导课，课程的导入 第二部分：正课，课程的主体部分 　　第一章： 　　第二章： 　　…… 第三部分：结课，课程的结尾

3. 教学指导图的设计

教学指导图是为培训师教学提供的整体教学指南，培训师一般在课程结构图的基础上增加教学内容设计。运用一张图使培训师简洁、高效地对课程内容和教学方法了然于胸。

目前很多培训师在设计课程中并没有做教学指导图，而是用一个 PPT 包含全部内容。如果此课程不是由培训师本人设计或此课程开发很久未教学，则培训师不能在短时间快速熟悉此课程知识点、教学方法及时间规则等重要内容。

教学指导图在课程结构图上增加时间分配、重点难点规划、教学方法的安排、案例运用等内容。这就好比施工图，施工人员可以按施工图的要求准确施工，培训师亦可根据教学指导图在教学时不慌不忙、从容不迫，即使遇到特殊情况也能处之泰然。

4. 讲师手册的开发

讲师手册是对教学指导图的解读，是培训师上课的详细教学指南，对于 PPT 中的教学内容、教学方法等有详细的说明，包括整体备课表和授课 PPT。

整体备课表按课程三段式结构进行规划。

课程导入和课程结尾的备课主要包含课程模块、主要内容、操作要点及时间安排等内容。

表 5-3 是课程导入和课程结尾的备课表模板，供大家参考。

表 5-3　课程导入、课程结尾备课表

时间安排	课程模块	主要内容	操作要点

正课的备课主要包含课程模块、关键知识点、教学方法及时间安排等内容。

表 5-4 是正课的备课表模板，供大家参考。

表 5-4　正课备课表

时间安排	课程模块	关键知识点	教学方法

授课 PPT 把每一页 PPT 的目的、讲解要点或内容、教学方法及授课时间的详细内容写在 PPT 的备注中，形成标准化教学指南。培训师上课的时候，按照 PPT 中的详细内容进行授课即可。

从建构主义教学观来看，培训师在上课的时候应真正做到以学员为中心，根据学员学习状况及教学过程中的具体情况，对授课 PPT 的详细内容进行调整。培训师的重点在传授课程内容，而不是背诵教材。

5. 学员手册的制作

学员手册是学员学习过程中最基本的材料，主要内容是学员版的 PPT，通常包含了课程概述、学习目标、讲师介绍、课程内容摘要、实践练习、评估表等，还包括学习过程中能用到的各种工具、表格，以及课堂纪律、时间安排等内容。

制作学员手册时，应考虑以下要点。

明确目的：确保手册内容与培训目标一致，帮助学员理解课程的重要性和目的。

结构清晰：手册应有清晰的框架结构，如使用目录、章节标题、子标题等，方便学员快速找到信息。语言表达应简洁明了，避免冗长和复杂的句子结构，确保学员容易理解。

内容精练且实用：手册应提供课程的核心内容和关键信息，避免过多细节，突出重点。提供实用的工具和资源，如模板、检查清单、行动计划等，帮助学员将所学知识应用到实际工作中。

制作学员手册时，应综合考虑内容的实用性、教学的有效性和学习的互动性，确保手册能够有效地支撑学员的学习过程，并有助于提升培训的整体效果。

6. 考试题库的制作

考试题库在教育培训中扮演着重要的角色，其主要作用是评估学员在培训课程结束后对知识和技能的掌握程度；学员通过解答题库中的问题，可以巩固学习内容，加深对知识点的理解；考试结果可以为培训师提供反馈，帮助培训师了解培训效果，并对课程内容或教学方法进行必要的调整。

考试题库的制作需要遵循一定的要求，确保题库的质量和有效性。题库应针对培训课程的内容和目标设计，确保考试题目与培训内容相匹配；题库应包含多种类型的题目，如选择题、填空题、简答题、案例分析等，以全面考察学员的知识和技能；题目应包含不同的难度层次，以适应不同水平的学习者；题目的表述应清晰准确，避免歧义，确保学员能够正确理解题目意图。

三、培训师课件制作的 5 个误区

课件包中最重要的是讲师手册中的授课 PPT，制作授课 PPT 时应注重内容的准确性、设计的清晰性和视觉的吸引力，确保 PPT 能够有效地辅助教学，提升学习效果。

并不是每位培训师都能对 PPT 熟练运用，情况往往是——我们被这个天天接触的工具奴役了！我们花费大量的时间，结果费力不讨好……如何将这个"魔鬼"变成"天使"呢？这是本节要解决的问题。课件制作常出现以下 5 大误区。

1. 误区一：过于依赖 PPT

PPT 是非常好的视觉化教学呈现工具，可惜很多培训师把它当成唯一的工具，过于依赖。半小时的课程，没有 PPT 配合，就讲不下去；PPT 出了问题，就手忙脚乱，中止课程；已经很少用到白板或者大白纸；课堂上很少打印资料发给学员……过多依赖 PPT，可能是因为培训师对自己的内容不熟悉，也可能是因为培训师已经习惯了有 PPT 配合。作为培训师，我们要做 PPT，要重视 PPT 的配合，同时也要考虑除 PPT 以外其他的视觉化教学工具，考虑在 PPT 上投入过多的时间是否值得，考虑如果没有 PPT 怎么继续把课讲下去。

2. 误区二：把做 PPT 当成课程开发

一些人图省事，把课程开发简化成了 PPT 的制作过程。很多企业内训师在课程开发方面的时间投入非常少，也没有接受过系统的课程开发方法训练，常常是要讲课了才提前几天突击准备课程，而准备课程就直接等同于 PPT 的制作，他们认为把 PPT 制作好了，课程就准备好了。事实上，这是一种偷懒的做法。PPT 的呈现方式是线性的，不像思维导图那样能让我们看到全局。完整的课程设计与开发需要结合 ADDIE 模式进行，更多的是思维整理过程，做 PPT 只是把这些整理过的思维呈现出来，配合培训师讲课。

3. 误区三：把 PPT 当成提词稿

在一次人力资源沙龙上，有一位做主题分享的培训师这样使用他的 PPT。

或许是对自己的内容不够熟悉，他的 PPT 上满满地装了很多文字内容，并对要点进行了放大处理，对补充的不太重要的文字说明进行了缩小，并把颜色调整成与背景色相接近。前面几排的学员能看到小字内容，后面的学员看不清，只知道那有很多文字，大家很好奇，便从后面走到前面瞪大眼睛看这些小字。这位老师一直对着电脑屏幕忘我地讲，突然看到大家怎么都往前面来了，还都瞪大眼睛看 PPT，于是很淡定地说："小字部分是给我讲课看的，不是给你们看的。"

PPT 里装太多文字是培训师常犯的错误。口语化的文字不必写到 PPT 里，PPT 呈现出来的应该是关键词、关键句、关键点。PPT 的全称叫 PowerPoint，是由 Power 及 Point 这两个单词组成，工具的命名已经告诉我们，PPT 展示出来的应该是"有力量的点"，而不是一堆一堆的文字，否则，我们直接用 Word 就可以了，何必用 PPT。

4. 误区四：不分讲师版与学员版

一些培训师不知是偷懒还是不会做，给学员的讲义与他们讲课时展示的 PPT 内容完全一样。在这种情况下，如果培训师没有过多展开讲解，学员会认为可以不用听培训师讲课，拿着讲义自学就可以了。如此，学员上课开小差，甚至不听课，严重影响培训效果。

一般来说，学员讲义是讲师版 PPT 的精减版，某些地方会删除内容留空，以便学员在听课过程中填写，这样可以让学员的思路跟着培训师走，写一次又可以加强对所学内容的记忆，同时，这对培训师的课程版权也有一定的保护作用。如果有更深度的阅读需要，可以在适当的时候把内容打印出来给学员，或给他们一个指定的网址。

5. 误区五：不懂排版，毫无美感

提出这个问题并不是要每个培训师都在美学上有深入研究，我们不必特意学习平面设计或版式设计，但如果我们本身对美很没感觉，那么就需要在制作 PPT 时注意搭配，让版面更漂亮。在授课水平不变的情况下，PPT 从不美到有一点儿美，进步看得见，加分自然不少。

对于培训师来说，做 PPT 课件、准备课程，会涉及文字、图片、切换、动画、表格、图表、配色、排版等方面，我认为动画方面不用学太多，配色用预设就好，文字、图片等都好提升，唯独排版能力的提升是一个长期的过程，需要多留心观察各种形式的作品。排版能力提升了，美感就有了，无论以后用什么工具，出来的作品一定抓人眼球。

四、做好 PPT 的 8 招

1. 第 1 招：课程类 PPT 设计的 1 个标尺及 3 大原则

工作开展的前提是明白实施的标准与原则。关于 PPT 的设计原则，虽然不同的人有不同的答案，但各种观点的核心都一样，只是阐述角度不同。从课程类 PPT 的角度出发，我总结了 1 个标尺及 3 大原则，以指导培训师的 PPT 设计。

第五章 锦上添花
课件制作的方法和技巧

（1）1个标尺

1个标尺就是指更有效地沟通。PPT是视觉化的沟通工具，"君子善假于物"，工具用好了，可以有更大的生产力，但是也要防止"工具主义"的思想，要永远掌握主动权，不被工具奴役。到底用不用PPT？用到什么样的程度？设计得漂不漂亮、实不实用？用了PPT后如何衡量使用的效果？……这些问题都要用这把标尺衡量，我们应经常问自己：我的PPT是否达到了更有效沟通的效果？

（3）3大原则

有了衡量的标尺，在具体设计上，再以3大原则为指导。

① **原则一：一目了然**。讲课用的PPT内容往往较丰富，但呈现出来应该一目了然，以便学员把注意力更多地放在老师身上，跟着老师的思路走。

以下这个例子，显现的内容很简洁，但讲稿内容不少。讲稿是在说明目前企业取得的成绩及愿景，我把内容进行了提炼，只呈现最抓眼球、最能说明观点的部分，如图5-2、图5-3所示。

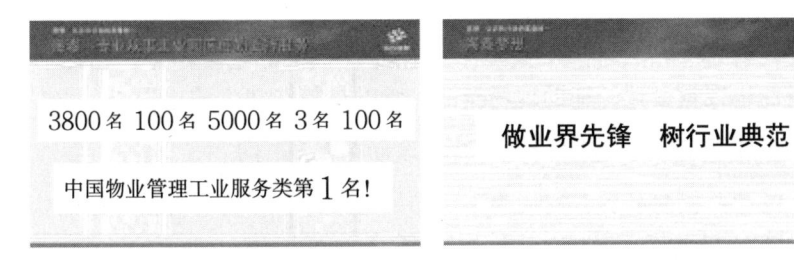

图5-2　企业成绩　　　　　　图5-3　企业愿景

② **原则二：视觉记忆**。视觉化的目的是让沟通更有效。在培训中，通过视觉化加深学员的印象，辅助记忆。最常用的视觉化做法是把文字或数据变成图片或图形。

比如讲青蛙效应，最好不要把满满的文字全放到PPT上。我把原本两页的内容变成了一张图片与几个大字（见图5-4），放到一页PPT中，在讲实验来龙去脉及各种细节时，只出现左边的图片；至于启发，需要学员记住的只是"危机意识"4个字。为了显示危机意识的危机感，可以用红色爆炸框作底，出现时伴有爆炸声音，这样更能吸引大家的注意力，强化记忆。

图 5-4　青蛙效应

视觉记忆关键在于图片的寻找，找到合适的图片就在视觉记忆原则上成功了一大半。至于如何找图，后文的招数中有说明。

③ 原则三：实用主义。培训课程设计与开发的重点在内容、结构、逻辑、案例等方面，而非PPT，PPT只是这些有完整内容与形式的课程的线性化视觉呈现，辅助现场授课。所以在制作PPT的过程中，我们没必要也不应该为一点点不痛不痒的改动花太多时间。

设计要权衡利弊，实用为王。如果对设计、审美有自己独到的认识与追求，那多多研究并不是坏事；如果在这方面实在没有天赋，那就别折腾了，走简洁大方的路线吧。

以下PPT（见图5-5、图5-6）是几年前我给同事梁园老师制作的，所有页面都用3D小人，风格统一、简洁大方。

第五章　锦上添花
课件制作的方法和技巧

图 5-5　3D 小人示范 1　　　　图 5-6　3D 小人示范 2

2. 第 2 招：定义 PPT 的风格

风格是做 PPT 时要考虑的事情，在"设计"菜单下设置。

选择一个主题，如果这个主题有其他的变体，则在"变体"模块下单击选择。变体下包含"颜色""字体""效果""背景样式"，鼠标放到预设的方案上，不用点击即可预览效果，单击即可应用。如果需要有更多的设置，在预设的方案上点右键即可出现更多的选项菜单。

如果对软件自带的颜色预设方案及字体预设方案不满意，可以在预设方案下拉列表中选择"自定义"。建议颜色就用自带的方案。一般来说，大家对颜色的搭配并不那么专业，自带的颜色方案是经过研究的，值得使用。对于演示用的字体，推荐正文用微软雅黑，主要是在演示时清晰漂亮，又是通用字体，如果电脑上安装的是 Windows 7、Office 2007 或更高版本，微软雅黑都自动安装好了，不用担心在演示的时候因为换了其他电脑而导致字体大量被替换。

幻灯片背景建议用浅色底，推荐用最方便也最实用的纯白底。主要基于以下两方面考虑。

① **上课环境的不确定性**。PPT 的颜色受环境影响很大：白天还是

晚上演示？室内的光线是否强烈？投影仪老化到什么的程度？流明度如何？投影仪 VGA 线接口的触针是否能正常对接？这些因素都影响 PPT 展示的效果。深色背景浅色文字适合光线较暗的场合。深色背景在光线较强的环境下演示，投影效果并不像电脑屏幕显示的那样深，而是会变浅，看上去灰蒙蒙的。

② **白色背景与白底图片能完美融合**。很多图片的背景色是纯白的，如曾经很流行的 3D 小人系列素材图片，基本以白色底为主。如果图片的背景与 PPT 的背景是同一种颜色，那图片就能完美融合到 PPT 里。

3. 第 3 招：改变行距让文字更容易被看到

PPT 默认的文字行距是 1.0 倍，如果文字多，一个段落里有多行，以默认的 1.0 倍行距显示的话，会显得非常拥挤。在 PPT 设计里，最好是任何时候都不要保持默认的 1.0 倍行距，尤其需要多行显示时。所以行距与段距需要设置好，设置也非常简单，在"开始"选项中的"段落"模块，一般行距设置为 1.5 倍，段落间距根据情况设置。

除了改变行距及段落间距让文字在视觉上更容易识别以外，有时候我们还需要标注出哪些是重点，让重点部分一目了然，这就可以通过改变文字的大小、粗细、颜色、字体等来达到目的。

4. 第 4 招：又快又好地使用图片

使用好图片的方法非常多，这里介绍几种最实用的。

（1）方法一：用形状剪裁让图片使用更艺术

这是快速剪裁图片的好办法。选中一张图片后，在动态的"格式"

菜单下"大小"模块中选择"裁剪"的下拉小三角，出现下拉菜单，在"裁剪为形状"中选择一种需要的形状。

再次单击"裁剪"按钮（非下拉小三角），即可对在形状里的图片进行编辑，调整大小与位置后，得到的图片就更有设计感了。

（2）方法二：去掉图片上多余的元素

有时候网上下载的图片，需要稍加修改才能使用，有的培训师会使用 Photoshop 这类大而全的工具，但大多数培训师不会用这类大型图片处理工具。在此介绍一种实用的方法：轻量级专业小工具 Inpaint。

用此软件打开一张需要处理的图片后，找到需要去除的元素，涂抹，运行，结束后图片就处理干净了。

这个实用的小工具，网络上能轻易下载到，免费使用。

（3）方法三：图片压缩

用这么多图片会使 PPT 文件非常大，为了保证运行的速度以及网络传输的速度，需要对图片进行压缩。选中任意一张图片，在弹出来的动态菜单"格式"下的"调整"模块中找到"压缩图片"命令，单击后出现具体设置对话框，这里的设置一看就能明白。一般来说，目标输出选择 150ppi。

压缩图片的方法非常简单，但是很多培训师常常会忘记这件事。

5. 第 5 招：任何时候都需要考虑对齐

平面设计的众多原则里，对齐是非常重要的原则。PPT 之所以显得不严谨、不好看、不耐看，很大原因是没有按某个看不见的规则来排版，各种元素散乱无序。解决的办法之一是对齐。除对齐外，也要考虑版面的"留白"与"聚拢"。最常用的对齐方式是左对齐、右对齐、居中对齐。

有几种方法让元素更好地对齐。

（1）方法一：对齐命令

"对齐"是非常常用的命令，放在"开始"菜单下，路径为：开始—绘图—排列—对齐。比如有一组很乱的元素，我们选择"底端对齐"，在这基础上，再选择"横向分布"，便得到非常规范又美观的排版了。

对齐命令经常要用，最好把它放在"快速访问工具栏"里，这一栏默认情况下在主菜单栏（也叫功能区）的左上方，也可以移动到左下方。找到经常使用的命令，在它上面单击右键，在出现的菜单中选择"添加到快速访问工具栏"即可，如果要从"快速访问工具栏"里移出，也是在点右键出来的菜单中选择。建议把这几个命令放在"快速访问工具栏"上：保存、撤销、恢复、新建、打开、打印预览和打印、形状、图片、字体颜色、对齐对象、从头开始。

（2）方法二：辅助线

在"视图"菜单下的"显示"模块中，将"标尺""网格线""参考线"都打上钩，即可看到辅助的虚线。这些线在打印与演示的时候不会出现,只用于辅助设计，让对象对齐更直观、准确。如果只打开参考线，则是页面最中间的一横与一竖，正好把页面四等分。增加参考线的做法是按 Ctrl 键不放，用鼠标拖住其中一条参考线，放开鼠标便可复制出另一条。拖到页面以外放开鼠标则可删除参考线。

（3）方法三：表格

表格可增加内容的严谨度，我们在经济、商业类的杂志上可看到很多这样的案例。设计表格时，可通过边框与底纹，尽量突显内容。在表格的内容排版上多用左对齐，而非居中。

6. 第6招：让数据图表化

看一堆数据总是让人头疼，把这些密密麻麻的数据视觉化，最好的办法是变成图形或图表，用软件自带的图表功能是最快捷的。选择插入—插图—图表路径，根据不同的数据情况选择不同类型的图表。

除了通过数据让软件生成图表，在一些不用太精确的场合也可以发挥创造性，自行绘制图表。

图表有引导作用，可以更好地证明我们的观点。下面两张图由同样的数据生成，如果你来汇报，为了说明业绩，可不要用图5-7，而要用图5-8。

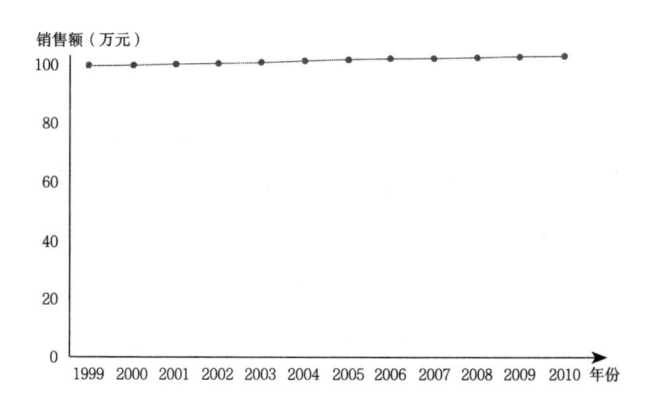

图5-7　××企业十年销售额增长图1

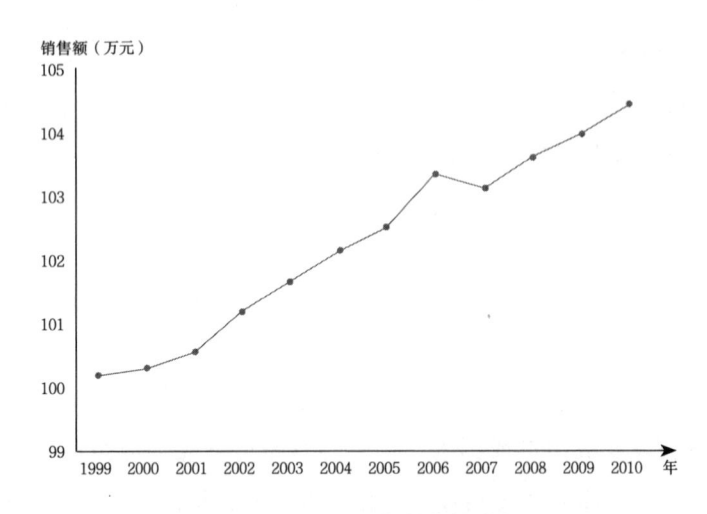

图 5-8　××企业十年销售额增长图 2

将图 5-7 调整到图 5-8 的路径：图表工具动态菜单—格式—当前所选"内容模块"—选中"垂直轴"—设置所选内容格式—在坐标轴选项里设置边界的最小值与最大值。

7. 第 7 招：被问要课件怎么办——如何保护文档

2014 年，在第二届中国人才培养与发展高峰论坛上，顾立民老师（培训界权威工具书《ASTD 培训经理指南》主译）针对绩效改进技术发表了主题演讲，作为负责与讲师对接的工作人员，课间我被很多与会者问到能否复制一下顾老师讲的课件——这个问题难住了我。如果是机密性很高的课件，我会直接回答这个课件是不分享的，但那时我得考虑较多的因素：希望绩效改进技术能被更多人在会后温习消化，同时传播给因各种原因没能到场的朋友；考虑日后与客户联系、进行合作的可能；考虑高峰论坛主题分享的时间较短，课件并不完整，以及每个老师对课件分享的"大度"程度不一样；等等。于是我问顾老师能否给我们他演讲的课件,顾老师说现在不方便,论坛结束后再发给我。我们的谈话被旁边一位要在当天分享"企业关键人才识别与甄选"主题的嘉宾 Vanessa Li(Profiles 中国合伙人及资深人才测评顾问)听到了,她对我说:"您刚才问了一个让所有咨询培训师都为难的问题。"面对这么为难的问题,培训师应该怎么办呢?给还是不给?如果给,怎么给更好?针对"给"的回答,我从 PPT 技术角度给几条建议。

(1)建议一:PDF 讲义

PDF 格式可以保证内容、字体、结构、版式等在不同平台的完整性,文件较小,不容易被编辑。

(2)建议二:将内容转成图片

如果不希望别人直接复制内容,可以将正常的 PPT 文件另存为图片型的 PPT 文件,所有内容显示完整,与正常的一致,只是每一页 PPT 都变成了一张图片,有多少页 PPT,这个 PPT 文件就由多少张图片组成。转为图片格式的方法是:另存一个文件,保存时,在"保存类型"中选择"PowerPoint 图片演示文稿"。

因为所有内容都转化成了图片,所以这种办法会让 PPT 文件变大,内容清晰度降低。

(3)建议三:加密

Office 2013 版本,能较快找到加密的办法,文件—信息—保护演示文稿—用密码进行加密,输入密码便可加密,需要密码才能打开。但这种加密对于培训师的课件分享来说不常用,别人能看才叫分享,别人打不开就不叫分享。如果用这种办法加密,再给别人密码,别人进入后也能编辑 PPT 文件。我们需要一种能在分享与保护中取得平衡的加密方案——可以打开，但需要密码才能编辑。

这个功能隐藏得较深。文件—另存为—浏览—工具（在保存按钮的左边）下拉菜单—常规选项—设置修改权限密码。这样加密以后别人打开此文件，会提示输入进入后可以编辑的密码，如果没有，选择"只读"查看该PPT。

补充：以上建议，在内容上最好加上课程版权信息，放于幻灯片页面四个角落中的某处，如果每页都加，可以在母版视图里设置。

8. 第8招：上台前的检查

以前我跟随余世维老师，做他的助教。余老师的要求非常高，上课过程中的任何问题都不是小问题，所以需要在事前一次次检查，并且做好出问题的应急准备。比如投影仪要准备两台，其中一台备用；在课程开始前一天下午公司的同事就会到场布置，负责演示PPT用的电脑需要清理干净，如果上课时有个什么对话框或页面突然跳到PPT之前，后果将很严重。

上台前要做好如下检查。

- 所有外部的链接在复制到演示用的电脑上时是否依然有效？有无缺失？
- 是否把使用到的特殊字体都嵌入了PPT，或者转化成了图片？
- 演示用的Office版本与自己做的PPT兼容性怎样？
- 演示前是否都退出了所有可能会出现弹窗的软件，如实时杀毒、日程提醒、下载任务等？
- 是否关闭了屏幕保护模式？
- 音乐及视频播放软件是否删除了不该出现的历史记录？

- 连接投影仪的 VGA 接口所有触针是否都完好，没有弯折？
- 声音通过音频线连接后放得出来吗？尤其是用 HDMI 连接投影仪时。
- 翻页笔是否正常？激光指示是否清晰？电池够用吗？……

台上无小事，上台前这些问题务必检查好，不要等到演示时出了问题弄得满头大汗，那时候可能是"叫天天不应，叫地地不灵"，并且会影响所有学员。

引用的外部链接建议都先复制到 PPT 所在的文件夹下，如果怕链接丢失，可以在将 PPT 带走前进行"打包"。文件菜单—导出—将演示文稿打包成 CD—打包成 CD，在出现的对话框中，给这个包命名，在"选项"里将"链接的文件"及"嵌入的 TrueType 字体"都打钩，打开与修改的密码视情况也可以在此设置。回到上一个对话框，选择"复制到文件夹"，找一个地方存着，"确定"之后，把所有相关的文件统一复制到一个文件夹下，复制到其他电脑演示的话，要将整个文件夹一起复制。

如果仅仅是嵌入字体，更快的办法是，文件菜单—选项—保存，在"将字体嵌入文件"前打上钩。嵌入字体的 PPT 会让文件变大，保存速度变慢。

本章小结

1. 学习要点

掌握 PPT 制作的方法和技巧。

2. 课后作业

结合自己的课程制作一个 PPT。

第六章

有张有弛
课程重点设计及课堂时间管理

ADDIE 小贴士

设计了基本的课程结构，组织好了案例，接下来要对整个内容进行重点设计，让课程要点突出、层次分明。在本章中，既包括重点设计，也包括课堂呈现中的时间把控。重点内容设计是课程的基础和关键。

第六章　**有张有弛**
课程重点设计及课堂时间管理

一、课程重点设计中存在的问题

有一次我给某高科技生物制药公司做课程开发项目，在 ADDIE 的 A 环节，该公司一个大区的营销老总说："段老师，我们内部培训讲产品，通常是 3 个小时。但是当我们参加医院的药品采购会时，通常是 1 个小时，有时是半个小时，甚至是 10 分钟。要在这么短的时间内搞定客户，我们感到难度不小，有时感觉就是读 PPT，匆匆忙忙的。客户也给我们反映，说我们讲的内容缺乏吸引力。"

其实这家公司在行业内很有影响力，当时市值行业第一，产品本身很有竞争力，但是这样的产品演示却没有带来正面影响。

之所以出现这样的情况，一方面是没有专门进行展示设计，尤其没有设计出重点和亮点，另一方面是在展示的过程中缺乏科学的时间管理。

课程讲解和产品展示的相通之处在于，都需要展示的内容有吸引力。在课程开发以及授课现场，通常存在以下问题。

1. 没有重点

没有重点或者重点不突出，是在培训中常见的现象，很多培训师总是想在最短的时间内讲更多的内容，以致缺乏重点。

出现这种情况的主要原因是课程开发的时候，一方面思想上认识不够，一方面缺少相应的方法没有进行专门的设计。

2. 现场把握不好

这也是一种常见的现象，虽然在课程开发的时候设计了重点，但是在实际培训过程中，没有严格地把控。一方面是培训师的个人原因，尤其是 C 型[①]特质较重的老师，总是力求将每个细节都详细讲述。

我自己是 DC 型，D 型特质 18 分，占 45%；C 型特质也比较重，16 分左右，占 40%。我在课程开发的时候，发挥 D 型特质，对课程进行整体设计。但是在讲课的时候，我总是感觉"每个内容都重要"，希望将每个内容都讲得很详细，这样看起来很深入，其实没有重点。2008年前后，有一次在"鹰隼计划"班，一个关系很好的学员私下告诉我："段老师，其实有些内容，我们学员已经比较清楚了，你是不是可以不用详细讲了呢？"这个建议当时让我很震惊，我一反思，发现真有这样的问题。再深入分析，我发现根本原因就在于自己的 C 型特质，希

---

① DISC 理论将人的行为风格主要分为支配型（D）、影响型（I）、稳健型（S）、谨慎型（C）四类。——编者注

望做到完美、圆满，以为每个地方都要详细讲解才叫深入。后来，我不断地提醒和调整自己，不要在每个地方都进行详细的讲解，应该有重点、有区分，同时我总结出一句话——"不要低估学员的智商"，从此告诫自己。

另一方面是培训现场出现了意外，比如学员变化，授课实际情况发生变化，学员或者其他关键人物提出了新的要求，等等，导致培训师受到太多干扰。

有一次在我的课上有个学员提出疑问："段老师，我在培训中往往遇到这样的问题，就是主管对我提要求，他希望在某个地方加强，学员也提出了建议，但是和主管不一样，那我到底该听谁的呢？这让我很困惑，不仅开发课程受到影响，培训的过程中也受到影响，我都不知道该怎样进行下去。"

这样的困惑不仅企业内训师会遇到，很多有经验的职业培训师也会遇到。

3. 课堂时间管理的 7 个问题

（1）前紧后松

授课的前半部分讲的内容很多，讲话的速度也很快，好像在赶时间，但是在课程的后半段发现内容已经讲得差不多了，于是开始慢慢地讲，耗时间。

记得我第一次讲性格分析的课程，原计划是讲两个小时，因为害怕时间不够，前面讲得比较快，没有列举多少案例，只是讲些"干条条"。但是讲到一个半小时的时候，就没有内容可讲了，后面半个小时怎么办呢？当时初出茅庐的我被难住了，站在台上直流汗，还好，听课的同事们很配合，向我提些问题，总算让我把后面的时间给"混"过去了。现在回想起来，出现这种情况主要有两个原因：一是肚子里没货，那时我刚刚开始学习性格分析，对内容不熟悉，尽管有PPT，但是依然讲不出东西来；二是时间安排欠妥。

（2）前松后紧

前面讲得慢，耗时间，在课程的后半段发现内容很多，才开始赶时间。

某培训师讲项目管理，一共3天的时间，前面内容讲得很详细，到了第3天，发现还有很多PPT没有讲，于是后面讲得很快，但是到了最后依然有40多张PPT没讲完。尽管培训师一直强调，后面的内容不是很重要，他已经把重点讲完了，但培训结束后依然有学员专门去询问，为什么没有讲完。

（3）平均分配

如果说前面两种情况是新手才容易犯的错误，那么平均分配则是某些有经验的培训师常犯的错误。这样表面上看来遵守了时间规则，但是在内容上没有重点。出现这种情况的原因其实是课程设计有问题，没有根据授课对象和学员需求对授课内容进行合理安排，没有遵循"20/80法则"。

第六章　有张有弛
课程重点设计及课堂时间管理

（4）严重超时

尽管超过预计的时间可以理解，有时延迟下课也难以避免，但是，切记不要超过学员的心理限度。比如，按照惯例都是中午 12 点吃饭，所以快到 12 点的时候，其实很多学员的注意力已经不集中了，如果超过 12 点，学员的心思基本上都不在课堂上了。

此外，很多老师在授课的过程中不太善于把控时间，容易出现一些问题，像下面这样的案例还不少。

有一次，我去参加合作机构举办的一个管理类课程。老师讲得挺好，但就是在时间管理上出现了一些问题。

快到中午 12 点的时候，按照惯例，学员以为就要下课了，有些学员准备离开。但是到了 12 点，老师并没有下课的意思。到了 12 点 10 分，已经有学员离开了，可这位老师还在继续讲。我以为老师忘了时间，就让培训助理给老师送水，并轻声问他："老师，12 点多了，是否可以下课？"老师听明白了，继续讲。到了 12 点半，课程还在继续。很多学员都起身离开，我让几位助理去堵住门口，尽量不让学员离开，但是哪里堵得住？学员继续离开，老师继续讲，直到快 13 点了，课程才结束。这时候学员差不多全离开了，只剩下几个很体谅老师的学员坚持到结束。

吃午饭的时候，我跟这位老师聊天，"顺便"问："老师，下午的课程也是你讲吧，还是同一个主题吗？"老师说："是的，主题是一样的，都是讲企业战略，我是安排好的，上午的部分上午必须讲完，下午要讲另外一个部分。"我说："那上午最后 1 个小时的内容可以放在下午讲吗？"老师说："当然可以呀，只是我本来计划的是上午讲完，由于早上有学员迟到了，晚了差不多 1 个小时才开讲，因此，今天上午必须讲完，否则影响下午的安排。"

这位培训师按计划授课，是很有道理的，培训课程的安排就是要有计划、有步骤。只是他在时间的安排上存在一些问题。

（5）提前结束

除非是特殊情况，否则不要提前结束。如果太早结束，学员会感觉老师授课不负责，这会带来很多麻烦。

培训不是不可以提前结束，但是要看情况：第一，发生重大的意外情况，比如停电、讲课设备突然故障，课程不能进行；第二，主办方有特殊情况，比如要临时留一段时间开会；第三，如果课程内容已经全部讲完了，和主办方、学员协商后，可以提前结束，但是不能没有任何理由地提前结束。

（6）不管不顾

有些培训师讲课的时候根本不管时间，讲到哪里算哪里，时间到了就下课，时间没到就继续讲。尤其是很多企业内部培训师，对时间没概念，不重视。

在TTT培训的演练环节，为了强化学员的时间观念，我们首先规定授课时间，然后在教室的后方设置一个倒计时时钟，让学员看着时间讲。训练完毕，学员普遍反映：太紧张了，本来计划好的内容，但是看到那个倒计时的时钟，就不知道怎么讲了；我们平时讲课，根本没有管时间，反正时间到了就下课，没有想过怎么安排时间。

（7）太露骨

很多培训师为了准确地控制时间，在讲课的过程中会采用一些控制时间的"高招"，但是由于掌握不好，很容易被学员发现。这样的行为一旦被学员发现，就会转移他们的注意力，影响教学质量，同时也会损害老师的专业形象。总之,掌握时间是有技巧的,必须做到不露痕迹。

二、课程重点设计的管理学原理和作用

1. 课程重点设计的管理学原理

(1) 20/80 法则

无论是课程设计还是现场讲授,都必须遵循 20/80 法则,有效地管理时间,抓住重点,不能平均分配。

(2) 目标导向原理

这是设置课程重点的重要依据,培训师要根据本次培训的目标,设计相应的内容,也就是内容要为目标服务。目标不一样,内容也不一样。

(3) 因材施教原理

因材施教的原理既贯穿本书始终,也贯穿培训的整个过程。虽然培训师都知道这里的"材"指的是学员,但是在执行的过程中把"材"当作了教材。前面案例中那个严重超时的老师,他就是把"材"当作教材了,根据教材来实施,而不是据学员来实施,所以学员有意见。

2. 课程重点设计的作用

对课程进行重点设计,最重要的作用就是确保培训目标的实现。本章开头提到的生物制药公司的案例中,主要的问题是目标不明,没

有根据展示目标进行课程重点设计。

给内部员工做产品方面的培训，目的是让员工掌握产品知识，成为专业人士；给客户做产品介绍，目的是让客户认可公司产品的价值，进而采购。目的不一样，课程内容的重点设计自然不一样。

此外，课程重点设计还有以下几个作用。

- 保证内容重点突出，确保培训效果。
- 做好课程规划，确保培训顺利进行。
- 符合学员认知习惯，帮助大家掌握培训内容。

三、课程重点设计以及课堂时间管理的方法

1. 课堂时间管理的 3 个原则

（1）重点突出

时间管理是为主题服务的，合理分配时间，是为了确保内容顺利讲授。可以这么讲，用时多少是衡量内容重要与否的一个标准和依据。在时间的规划上，必须做到重点突出，要确保每个时间段都有一个重点。从时间分配上讲，无论是一天的时间，还是半天的时间，甚至一个小时、半个小时的时间，都应有其授课重点。

（2）松紧一致

要让整个课程在时间和内容安排上松紧一致，既要避免前紧后松耗时间、提前下课，也要避免前松后紧赶时间，甚至推迟下课；既要保证几天的课程符合标准，又要保证每一节课都符合要求。

第六章　有张有弛
课程重点设计及课堂时间管理

（3）符合浮动标准

有时，不可避免地要提前结束课程或者延迟结束课程，但是活动的范围必须在大多数学员能够接受的范围内。同时要做到事出有因，不能无缘无故地推迟或者提前结束。

学员可接受的课时浮动范围通常是指：第一，前后浮动各不超过10%，也就是说，10分钟的课程，可以提前或者延迟1分钟结束，总体控制在9～11分钟；第二，以半天为一个时间段，前后浮动各不超过5分钟，也就是可以提前5分钟结束，也可以延迟5分钟结束。课时在这个范围内浮动是合理的，不需要做解释，学员都可以接受。

需要说明的是，在提前和延迟的情况下，提前优于延迟，也就是说在可能的情况下应该选择提前5分钟结束。

如果浮动范围超过5分钟，要提前告知学员，以获得他们的理解和支持。记住，培训师要提前告诉学员，而不是等到点了或者已经超时了才告诉大家。提前到什么时候？至少是在最后一节课开始前。这样，第一，你可以合理地安排最后一节课的内容；第二，让学员做好准备，知道你要提前或者延迟结束。同时，要明确告诉学员，时间改变的具体数字，比如"提前20分钟结束"或者"延迟30分钟下课"。

有一次我去上海培训，中午休息时，几名学员跟我沟通，他们要赶晚上的飞机，希望我能提前结束下午的培训，看能不能安排。我看了一下课程计划，这样的调整是可以的，不会影响授课，于是我做了相应的调整。下午正式讲课前，我先告诉大家："各位伙伴，接下来将进行我们最后一个下午的内容。有件事情需要和大家商量一下，中午休息的时候，有几名学员向我提出要求，因为他们要赶今晚的飞机，所以希望提前半个小时结束，我在课程上也做了相应的调整。现在看看大家的意见，是否同意这样的安排？"这种方式大概率能够被学员接受。

2. 如何设计重点

设计重点的依据是目标导向，最有利于目标实现的就是重点内容。

在我们培训师的课程开发中，通常会制作金字塔结构图，用来确定重点内容。

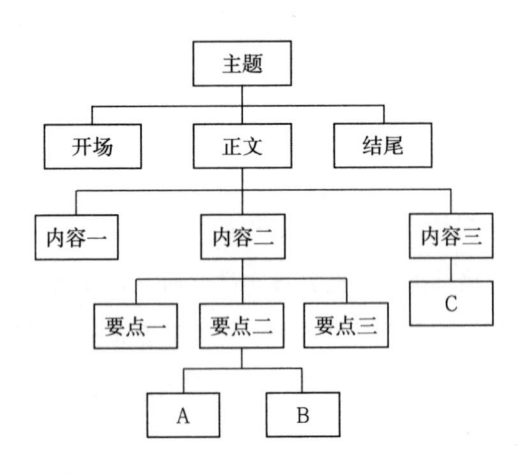

图 6-1　课程结构图 1

从图 6-1 一眼就能看出什么是重点（内容二）、次重点（内容三），以及非重点（内容一）。毫无疑问，重点的地方需要更多内容，安排更长的时间。在进行课程内容开发的时候，可以用这种金字塔结构图作为指导工具。

这个工具有三种运用方式。

第一，首先制作一个课程的金字塔结构图，然后根据这个图形进行内容的设计，这是最常用的做法。

第六章 有张有弛
课程重点设计及课堂时间管理

在我们给企业做 TTT 课程开发时，通常要求学员按照 ADDIE 模式制作这样的金字塔图形（见图6-2），然后在各个空格之内填充内容。

第二，在制作好 PPT 之后，设计这样的金字塔图形，将每个空格想象成一个筐，将每一页 PPT 分别放进各个筐中，如果有些 PPT 放不进去，就说明它们是多余的。

这样的环节可以帮助很多学员整理思路，删除大量无用的 PPT。

第三，这个金字塔结构图除了包含课程内容，还包含授课方法（用括号标注），这也是课程设计的一个部分。

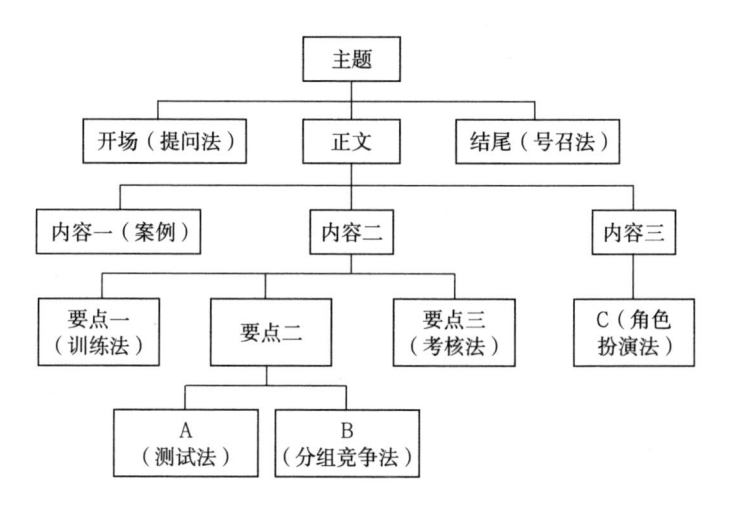

```
                    主题
        ┌───────────┼───────────┐
    开场（提问法）  正文    结尾（号召法）
              ┌─────┼─────┐
         内容一（案例） 内容二  内容三
                ┌─────┼─────┐
            要点一   要点二  要点三   C（角色
           （训练法）         （考核法） 扮演法）
                  ┌───┴───┐
                  A        B
              （测试法）（分组竞争法）
```

图 6-2　课程结构图 2

我们给企业做课程开发的时候，会制作一张金字塔结构图，它包括两个要素：一是课程内容，二是授课方法及互动等内容，分别用不同颜色或字体标明。通过这样一张图，培训师对自己要讲的内容一目了然，同时，将这张图放在讲课用的电脑旁边，可以随时提醒培训师采用相应的授课方法或者互动技巧。这样一来，这张金字塔结构图就成了教学指导图。

在给某移动通信公司做 ADDIE 课程设计与开发时，我采用了这样的模式，通过 6 天的系统训练，学员都按照要求用"教学指导图"设计出了课程，其中一个学员的题目是"移动营业厅服务接待礼仪"。如图 6-3 所示。

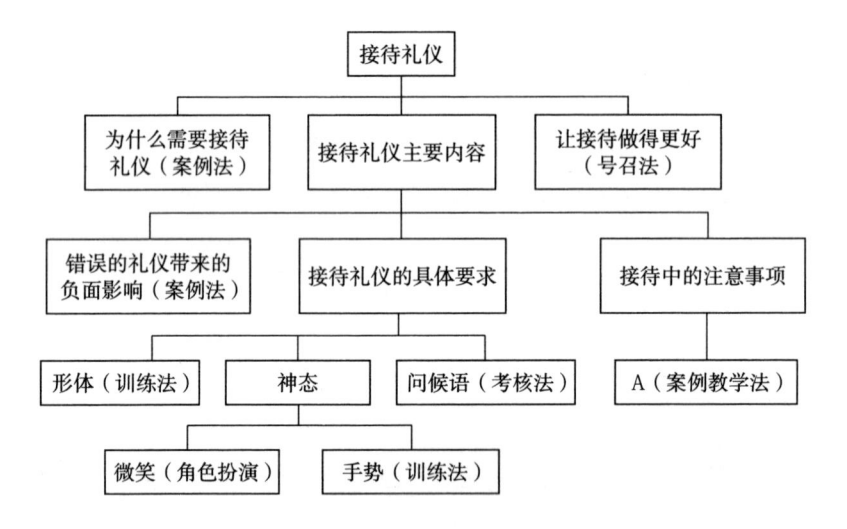

图 6-3 "移动营业厅服务接待礼仪"课程结构图

在制作好教学指导图后，我们要求学员上台对整个课程做介绍，同时引导台下学员提建议，台上学员也在其中找到差距和不足。

同时，用 10 分钟单元展示的方法，让学员就课程的某一个要点进行完整展示。我们给学员的时间是 10 分钟，并对这 10 分钟进行整体考核。10 分钟是一个时间段，无论时间多长的培训都是由一个个 10 分钟组成的，10 分钟做好了，更长的时间基本上也能做好。

标准化是提升训练效果的最好手段，标准化的一个关键词是量化。量化虽然显得有点死板，但是更容易被复制和掌握，等以后经验多了，就可以灵活变化。

那么，10 分钟时间怎么安排呢？按照课程设计的三段式要求如下。

第六章 有张有弛
课程重点设计及课堂时间管理

开场白 1 分钟。

正文 8 分钟：3 个观点，3 个案例，1 个故事。

结尾 1 分钟。

我们提前给学员作了安排，大家按照这种方式备课，在演练的时候取得了很好的效果。

在课程设计和开发中做好了重点内容设计，在培训课堂上，还需要有效地呈现，同时要把控授课时间。

3. 有效管理课堂时间的 7 个方法

那么到底该怎样有效地管理时间呢？有以下几个方法。

（1）预先设计，反复演练

这是在培训前需要做的工作。

（2）过程监控

过程监控可有效避免在课程即将结束的时候才发现问题，帮助培训师在整个授课过程中做好时间把控。一般情况下，培训师可利用课间时间（是指学员的休息时间）检查流程，看是否和预先的规划一致，如果不一致要及时调整。

（3）科学设计结束部分的内容

在不影响整个课程内容的情况下，可以在课程即将结束的部分设计一些内容。这些内容是培训师最熟悉的，可长可短，如果时间不够，简单讲解就可以结束；如果时间足够，可以安排较长的内容。如案例分享环节，时间短可直接讲明要强调的知识点或者问题，时间较长可安排学员进行小组分享或者个别学员分享。

（4）控制好回答问题的时间

提问和回答环节是最容易产生时间误差的地方，培训师一定要在整个过程中把握主动权。简单的问题可由培训师或者学员来回答，较难的或者个性化问题可放在课后进行解答。

（5）用紧急结尾法应对时间不足

在课程结束的时候才发现时间不足，这时候就可以运用紧急结尾法。关于结尾设计，详见本书第七章。

（6）用总结法填满时间

如果在课程的后半段发现离课程结束还早，可以采用总结的方法，引导大家对整体内容进行回忆，并且在重点的地方做进一步的补充和阐述。这样既在内容上突出了重点，也避免让学员感觉到课程时间安排不合理。

除了总结法，还可以用提问法、讲故事法、学员互动法等方法填满时间。

（7）巧妙地判断时间

培训师如何巧妙地判断时间？如何既判断了时间，学员又察觉不到？

一种方式是借力，即借助外力判断时间。通常的做法是：在教室的后墙上挂一个时钟，你可以随时看到时间；或者让助理给你提示，比如送纸条、做手势、倒水的时候悄悄告诉你等。如果没有助理，培训师可以在培训开始前在学员中选一名学员作为计时员，提醒自己课程时间。

另一种方式就是自己判断：把手表或者手机放在笔记本电脑的旁边，看电脑的时候顺便看一下时间，掌握进度。

第六章　有张有弛
课程重点设计及课堂时间管理

四、关于课堂时间管理的答疑及工具

1. 关于课堂时间管理的 3 个疑问

疑问 1：培训师需要看时间吗？培训师会看表吗？

答：表面上看，一些经验不足的培训师总会看表，而那些资深的培训师好像不用看表就能把时间掌握得非常好。其实不然，每个培训师都要看表，只不过有的很有技巧，学员没有发现而已。

疑问 2：可以借助外力判断时间吗？

答：当然可以，事实上很多培训师都依靠培训助理来判断时间，或者在教室的墙上挂一个时钟，这些都是借助外力的方法。

疑问 3：如果时间到了，但是内容没有讲完，怎么办？

答：衡量课程质量的标准，不是你讲了多少，而是学员学到了多少，这才是关键。如果学员已经学到了关键内容，内容有没有全部讲完就没那么重要了。

2. 关于课堂时间管理的工具

工具：课堂时间管理的设计模板

运用范围：所有培训

目的：提升培训师掌控时间的能力

适用对象：培训师、培训主管

具体结构

第一部分：开场（时间10%）

第二部分：正文（时间80%）

第一方面是……（非重点，时间占正文时间的20%）

    1.

    2.

第二方面是……（重点，时间占正文时间的50%）

    1.

    2.

    3.

第三方面是……（次重点，时间占正文时间的30%）

    1.

    2.

    3.

第三部分：结尾（时间10%）

本章小结

1. 学习要点

① 掌握课程重点设计的原理；

② 掌握重点内容的设计流程和方法；

③ 熟练运用现场控制时间的方法。

2. 课后作业

用金字塔原理给某门课程制作教学指导图。

第七章

意犹未尽
结尾设计的原则和方法

**ADDIE
小贴士**

一个完整的课程框架包括开场、正文和结尾,在课程设计中,容易忽略的就是结尾。有始有终才是一个完整的课程,因此,开发课程需要专门设计结尾。

第七章　意犹未尽
结尾设计的原则和方法

一、课程结束时的常见失误

1. 课程结束失误的典型案例

一位企业的内训师参加培训回来后，实施转训（外出受训，回来后又将相同的培训内容向他人讲授），主题是"管理者八项技能训练"。

这位培训师既有授课技巧和互动，也把原课程的基本理论包括案例都再现出来了，应该说整个过程还是比较好的。但是到了结尾的时候，这位培训师是这样说的：

"今天花了大家宝贵的半天时间来学习管理者八项技能训练，这是我上周去参加培训所学的，我能力有限，只学到了一些皮毛。当时是学习了两天，而今天只有半天的课程，因为时间关系，我只讲了一部分，同时因为我的个人能力问题，有些地方没有把老师的宝贵东西复制好，有些地方可能存在一些疏漏，同时也不可避免存在一些错误，请大家原谅。各位同事要在实际运用中合理地选用，'取其精华，去其糟粕'嘛。"

这是常见的结尾方式，看起来是不是很熟悉？如果不深究，也许觉得没什么，但深究一下，这样的结尾是有问题的。

在培训的结尾处，主要存在两种问题：第一是没有结尾，第二是结尾不佳。

2. 课堂结尾不当的表现

（1）借口式

很多培训师在结束的时候会讲，"因为时间关系，今天的培训就到此结束"。如果是因为时间关系才结束的话，要么说明组织者的时间安排有问题，给培训师的时间太短，要么说明培训师的时间管理有问题，既然是组织者预先告知时间，培训师就应该计划好。

（2）过分谦虚式

这种结尾方式也被称为"自杀式结尾"。在培训中，经常听到这样的说法，"由于我能力和阅历有限，所讲的内容难免存在一些偏见和错误，讲得不好的地方请大家原谅"。培训师辛辛苦苦地授课，也让学员学到了有用的东西，到了最后，你这么谦虚一下，无异于告诉学员，"我讲的全是废话"。就算有学员很认同你，当他在实际工作中正要用你所讲的内容时，突然想起你的话，他可能会想，"是不是刚好这里是讲得不对的地方"，于是不敢用了。学员无法运用所学的内容，培训就是没有用的。

（3）自我否定式

自我否定式和自杀式有些相似，只不过程度不同。自我否定式的常见表达是这样的——这两天给大家讲的主题很重要，希望对大家的

第七章 意犹未尽
结尾设计的原则和方法

实际工作有所帮助。当然了,有没有帮助不是我说了算,所谓"师傅领进门,修行靠个人",关键还是要靠你们自己。

(4)啰唆式

说话啰唆,没有什么实质内容。

有一次我给某通信企业讲TTT,课程结束的时候,该企业的党委书记做总结讲话:"这3天邀请段老师给大家讲TTT,我看了大家的最后考核环节,发现大家成长很快嘛,看台上的表现,你们还真有老师的样子。站姿呀,讲的内容呀,还有做的几个活动,把现场氛围搞得很好。就像我平时开会讲的,人的潜力是无穷的,只要大家努力,只要我们管理者多一点耐心,平时多多关心我们的员工,我们的员工还是可以表现得更好的嘛。另外,我上次开会,还在给大家建议,应该多组织一些活动嘛……"

原来计划3分钟的内容讲了10多分钟,从企业文化到员工关爱,再到党的政策、和谐社会、国际形势,纵横捭阖,洋洋洒洒。实际上他讲得非常棒,有观点,有案例,与时俱进,只可惜时间不够,大家等得着急。

(5)威胁式

今天给各位新员工讲了公司的一些规章制度,这是关系到大家切身利益的事情,希望大家回去好好总结,认真遵守,不然到时候违规了,被罚款、被开除,还不知道是怎么回事!

这是一个学员在职业培训师训练班上的演示内容，主题是"新员工入职培训"，很有力度，很劲爆，就是太吓人了。规章制度固然很重要，但是没有必要这么吓人吧。

（6）歇斯底里式

今天的课程有没有用？
想不想更有用？
只有做了才有用，对不对？
那要不要做？
要不要拼命做？

一连串的问句，搞得学员热血沸腾、狂呼乱叫、声嘶力竭。某些培训师为了营造良好的课堂氛围，为了提升培训评估满意度，竭尽全力要制造掌声、引起轰动。气氛是有了，力量也有了，但是不是太过了呢？

（7）有头无尾式

有头无尾，就是没有结尾。眼看授课时间到了，赶紧来一句"因为时间关系，今天的培训到此结束"；有时甚至连"我的培训到此结束"都没有来得及讲就匆忙结束；或者内容没有讲完，就以"谢谢大家"匆匆结束。

"谢谢大家""再见"之类的客套话属于结束语，但不是结尾。

二、课堂结尾的管理学原理和作用

1. 课堂结尾的管理学原理

近因效应是指当人们识记一系列事物时，对末尾部分的记忆效果优于中间部分的现象。前后信息间隔时间越长，近因效应越明显。近因效应告诉我们，无论前面的内容有多棒，培训师一定要设计好最后的内容，以促使学员将培训所学实际运用，确保培训真正有效。

2. 课堂结尾的作用

一个好的结尾有什么作用呢？

（1）强化主题

在培训临近结束的时候，由于培训中有太多的内容，很有可能导致部分学员模糊和遗忘了主题。这时候做一个总结，可以再次强调主题，给学员留下深刻的印象。

（2）突出重点

如果内容太多，有可能导致学员无法把握重点。学员无论多么认真听讲，都不可能掌握所有内容。在即将结束的时候，用简短的话突出重点，可以帮助学员更全面、牢固地掌握培训内容。

（3）提炼思想

课程的精华在哪里？这么多的案例、故事论证到底有什么用？如何由点到面，举一反三？这就需要提炼观点和思想，用最简短的话把它们提炼出来，带给学员积极的力量。

（4）促进行动

"课上激动，课后不动"是对培训现象的一种描述。为什么会出现这种情况？一个重要的原因就是结尾出现了问题。一个好的结尾，可以有效地促进学员行动。很多老师因为结尾不合适，把自己所讲的内容"一笔勾销"，无法给人积极的力量。

总之，一个科学的课程结尾，有利于强化学习成果，实现教学目标，因此需要专门设计。

三、结尾的科学原则和方法

1. 结尾的 4 个原则

（1）必须有结尾

有头有尾、有始有终是对培训的基本要求，一个完整的培训必须有结尾。

（2）结尾要完整

结束语不等于结尾。结尾是整个培训非常重要的一部分，应该是一个完整的内容。"我的培训到此结束，谢谢大家"这样的话不是完整的结尾，只是结尾的结束语，完整的结尾必须是"结尾正文＋结束语"。

（3）结尾要积极

结尾要给人积极的力量。培训的一个重要目的是说服，说服的结果就是要促进行动。培训师要好好设计结尾，有力的结尾会给学员带来力量，促使他们积极行动。

（4）结尾不是结束

结尾不是结束，而是真正的开始。很多培训师以为培训课程结束就万事大吉了，其实，好的结尾会让人意犹未尽，充满期待。一次培训的结束，仅仅是某个主题的结束。一次培训并不能解决所有问题。所以，当某个课程结束后，培训师要引导学员继续学习其他方面的主题，让学员对其他的内容充满期待。无论其他的内容是哪个老师讲，都应该推崇。

2. 结尾常用的10种方法

（1）总结提炼法

培训即将结束的时候，总结一下前面所讲的内容，强化一下重点，或者补充一下前面没有涉及的重要内容，将所讲内容前后连接成一个整体，然后有力地结束。

"管理者的五项技能"的培训是这样结尾的。

在这次培训即将结束的时候，让我们大家一起来回忆所学的内容。我们一共讲了五项内容：第一，目标和计划管理；第二，高效沟通和激励；第三，科学授权；第四，团队协作；第五，全面执行。这五项技能是一个管理者必须掌握的技能，其中，第一项目标和计划管理是基础，管理首先要制定目标和达到目标的计划；第二项高效沟通和激励是贯穿整个管理工作始终的内容；第三项科学授权是提高管理者效率的重要手段和方法，也是衡量管理者是否高效的重要标准；第四项团队协作是保障，管理团队、促进团队协作是完成管理工作的重要保障；第五项全面执行是结果，是衡量管理绩效的重要依据，管理的目的就是要达到目标，要达到目标就要执行，这是一个硬指标。

以上是这两天培训的主要内容，当然了，优秀的管理者除了要掌握以上五项技能以外，还必须掌握其他方面的技能，这是以后要讲授的课题。

今天的培训到此结束，谢谢大家。

注意：总结提炼法的重要特征是总结＋提炼，重在提炼。一般的老师通常会总结，但是缺乏提炼，无法达到一定的高度，比较平淡。

（2）发出号召法

针对主题，向学员发出号召，激励大家去努力实施。

这两天，我们一起学习了"管理者的五项技能"。这五项技能是一个管理者的必备技能，也是通向卓越管理者的必由之路，让我们大家携起手来，为成为卓越的管理者而共同努力！

发出号召法很容易掌握，而且见效快，每次 TTT 学员演练用这种方法时，都很容易获得掌声。

（3）展望未来法

对未来的美好蓝图进行展望，激励学员，促使学员努力奋斗。

这两天我们共同学习了"管理者的八项技能"。这是我们作为管理者必备的五项能力。在全球一体化的竞争环境中，未来充满了挑战，

第七章　意犹未尽
结尾设计的原则和方法

同时也有更多的机遇，一定会有更多卓越的管理者脱颖而出，相信那就是在座的你们。让我们共同努力，再创辉煌！

通常，发出号召和展望未来是联系在一起的，两者可以同时运用。尤其是在演讲的时候，这样的方式能够带来高潮。

在第二届中国人才培养与发展高峰论坛上，我做了"关注关键人才培养，推动企业持续发展"的主题演讲，在演讲的最后，我讲道：

去年的今天，我们举办了第一届论坛，今年的今天，我们举办了第二届论坛，明年的今天，我们还会举办第三届论坛。这已经形成了一个好的传统，相信这样一个好的传统一定会推动我们个人成长和企业发展！最后，让我们共同努力，一起成长！优良的传统正在被传承，辉煌的历史将由在座的你、我，我们共同去创造！谢谢大家！

（4）推崇法

推崇法指的是在本次课程即将结束的时候，推崇后续的内容，引起学员的期待，吸引学员积极参加后面的培训。推崇法主要有以下三种方式。

① **培训师推崇自己的课程。**这是一种较常用的方式。

- 涉及同一个主题的不同部分。

我们这两天培训的主题是"管理者的五项技能"。这是一个管理者必须掌握的最基本的技能，今天，我们一起学习了前面三项，还有后面两项——第四项团队协作和第五项全面执行——没有学。可以这么讲，前面三项是基础，后面两项是目的，一名管理者就应该强调团队合作，最终做到全面执行。那么到底该如何加强团队合作，最终做到全面执行呢？咱们明天继续。今天的培训到此结束，明天再见！

- 本主题已经结束，还有其他的主题。

我们这两天学习了"管理者的五项技能"。这是一个管理者必须掌握的最基本的技能，那么是不是掌握了这五项技能就能成为卓越的管理者呢？不，这还不够，一名管理者除了掌握以上五项技能以外，还要具备一项重要的能力，就是管理人的能力。如何识人、用人、留人——这是管理者必须掌握的重要内容，也是我们下次培训要讲的主题，欢迎大家参加。本次培训到此结束，谢谢大家！

② **培训师推崇其他老师的课程**。几个老师同台演讲的时候，前面的培训师在课程结束时要推崇后面老师的课程。培训师相互推崇，才能形成良好的风气。

我们这两天学习了"管理者的五项技能"。这是一个管理者必须掌握的最基本的技能，那么是不是掌握了这五项技能就能成为卓越的管理者呢？不，这还不够，一名管理者除了掌握以上五项技能以外，还要具备一项重要的能力，就是管理人的能力。如何识人、用人、留人呢——这是管理者必须掌握的重要内容。这部分内容将由非常优秀的张老师为大家讲授，张老师在企业用人、留人方面深有研究并且见解独到，相信会为大家带来非常重要的启示。我今天仅仅是抛砖，为的就是引玉。大家要不要学？（学员回答"要"）那好，我们掌声有请张

第七章 意犹未尽
结尾设计的原则和方法

老师（或者，那好，明天上午，请大家准时到场。今天的培训到此结束，明天精彩继续）。

培训师何苦为难培训师！作为同行，大家要相互推崇。所谓"低层次的人是人贬人，中层次的人是人不服人，高层次的人是人捧人"，层次和境界越高，越把自己放得低，就越懂得推崇别人。

在我们组织的ACI职业培训师训练班中，来自北京知名地产公司的高管徐总就用了这种方法。

我讲的内容即将结束，接下来将有一位非常优秀的老师为大家做精彩的演讲，这位老师讲的内容将为大家带来100万元的价值，大家想不想听？（学员说"想"）好，现在掌声有请周老师……

由于他的良好示范，接下来每位演示的学员都这么推崇后来者，价值也由100万元增加到1000万元。虽然有些夸张和幽默，但是的确给大家带来了愉悦和力量。

注意：推崇要适度，推崇过度就是推销。推崇和推销可不一样。推崇是发自内心的赞美，推销往往是口是心非的表扬。推崇后面的内容，是因为它很重要，如果推崇的东西和实际情况不一致，就是欺骗。

一位先生很希望妻子把早餐做得丰盛点，于是想出一个办法。有一天他出差回来，买了一个礼物，套上非常漂亮的包装，回到家里。

先生：老婆，我给你买了贵重的礼物，猜猜是什么？

太太：鞋子？

先生：不对，大胆猜猜。

太太：苹果手机？

先生：不对，再继续。

太太：衣服？

先生：太棒了，你太聪明了。看看我给你买的漂亮衣服，你穿上一定很好看。（边说边从箱子里取出礼物——一件厨房用的围裙！）

大胆想象一下他妻子的反应，很多家庭战争就是这么爆发的。这位丈夫过度的推崇，对妻子而言是欺骗。

培训行业中不乏这种过度推崇的例子。一些机构邀请企业老板去培训，整个内容就是推销课程，结果很多老板学完的唯一收获是一张下次学习的门票。这种做法曾经盛极一时，现在慢慢衰落。欺骗世人最终必被世人抛弃。

（5）引而不露法

这也叫"欲擒故纵法"，就是推崇后面的内容，但是不说明到底是什么内容，从而引发学员的好奇和参与。

我们这两天学习了"管理者的五项技能"。这是一个管理者必须掌握的最基本的技能，那么是不是掌握了这五项技能就能成为卓越的管理者呢？不，这还不够，一名管理者除了掌握以上五项技能以外，还要具备一项重要的能力，可以说，这种能力是确保今天所讲的五项能力真正施展的重要因素，也是优秀管理者不可或缺的一种能力。那么，它到底是什么能力呢？答案将在明天揭晓！

今天的培训到此结束，谢谢大家，明天再见！

第七章　意犹未尽
结尾设计的原则和方法

注意：这种方法和推崇法有些相似之处，不同的是，推崇法会道出下次培训的主题，并进行推崇，而引而不露法不会表明下次培训的主题，只做些渲染。某种情况下，这样的"勾引"对大家的吸引力更大。运用这种方法有几个注意事项。

① **不要过度渲染**。过度渲染要么让大家对于未来期望过高，要么让人感觉有些虚假。

② **不要用否定过去的方法来渲染未来**。渲染未来很重要，但是不能因此而否定刚刚结束的内容，这样的自我否定得不偿失。

③ **前后时间不要相隔太久**。一个不说明主题的渲染，可能让人印象深刻，但是，学员对谜底的期待不会太久，因此，被渲染的最好就是即将要讲的内容，或者是第二天要讲的内容。如果两个主题的时间相隔太久，就要用推崇法。

（6）引经据典法

引用某些权威的语言和著作来强化内容，加深学员的印象。

这两天的培训即将结束，在两天时间里我们共同学习了"管理者的五项技能"，已故管理学大师——彼得·德鲁克在其经典著作《卓有成效的管理者》中提到"卓有成效是可以学会的"。相信通过这两天的学习，大家的管理技能都得到了提升；相信两天的所学，一定能为大家今后的工作带来帮助。

（7）首尾呼应法

这里主要指的是与课程开始的内容进行呼应，形成一个闭环。

如果课程开始的时候是引经据典，结课的时候也可以引经据典。我们在上"建构主义7D精品课程开发"的时候，开始用了"教育不是灌输，而是点燃"，在结课的时候，采用"学习不是禁锢，而是启迪"。进行呼应。

如果课程用案例开始，结课的时候可以回应这个案例，告知大家案例的结局；如果课程用"提问"开始，结课的时候，可以告诉大家答案。

（8）故事法

讲一个与主题相关的故事，既回应主题，又给人积极的力量。

30多年前，有一个小伙子上的是一个专科学校，学的专业是政治教育。他不甘心毕业后被分配到乡镇去当中学老师，那时财会专业比较热门，于是他在学校开始自学财会，并顺利通过自考。当其他同学正常毕业的时候，他已经获得了财会专业的本科学历，然后去参加会计师资格考试，也顺利拿到了证书。接下来他开了一家会计师事务所，并担任董事长。现在，这家会计师事务所已经成为当地规模最大的三家事务所之一。这个小伙子是谁呢？这个小伙子就是我（台下传来雷鸣般的掌声和阵阵尖叫声）。

这是我一位朋友在高校演讲时的结束语。

讲故事，讲真实的故事，讲自己成功的故事，最有吸引力。

（9）综合法

就是将几种结尾方式综合运用。综合运用法主要包括以下几种模式。

第七章 意犹未尽
结尾设计的原则和方法

总结 + 号召 + 结束语

总结 + 展望 + 结束语

总结 + 渲染 + 结束语

号召 + 展望 + 结束语

总结 + 故事 + 结束语

可见，总结法运用最多、最广，也最易于掌握，是培训师必须掌握的方法。

（10）紧急结尾法

正常情况下，以上几种方法足够了，但还是会发生一些突发情况，导致课程不能按照计划进行，这就需要采用紧急结尾法。

紧急结尾法通常是在时间不够，或者有突发事件必须结束课程的情况下采用的方法。

紧急结尾法的模式：

总结 + 推崇法

这要求培训师在最短的时间内总结曾经讲过的内容，并对临时取消的内容进行推崇，然后结束。

今天我们讲授的主题是"管理者的五项技能"，让我们共同来回忆一下。第一项，目标和计划管理；第二项，高效沟通和激励；第三项，科学授权；第四项，团队协作。现在我们已经讲了前面四项，第五项是全面执行。执行能力是管理者最基本的能力之一，是衡量管理者管理水平的重要指标之一，同时也是前面四项能力得以真正实现的重要保证，因此，我们将专门安排时间，给大家做深入的讲解。今天的培训到此结束，谢谢大家！

紧急结尾法本来是在紧急状况下采用的方法，但是在实际培训中经常会遇到时间不够等紧急情况，因此它也是培训师必须掌握的一种方法。

很多培训师对这一方法的使用不够熟练。我的训练班，通常都会进行紧急结尾训练。我通常把紧急结尾训练安排在最后的考核环节：最开始告诉大家，需要准备 15 分钟的课程；在即将考核的时候，再告诉大家讲授时间是 12 分钟；在正式上台的时候，告诉学员，考核时间是 10 分钟。开始时有学员不太理解这种"善变"，后来通过训练他们明白了，这样可以提高应急反应能力。

四、关于课堂结尾的答疑及工具

1. 关于课堂结尾的 4 个疑问

疑问 1：必须有结尾吗？

答：是的，必须有结尾。

疑问 2：结尾必须有力吗？是不是太正式了？

答：是的，必须有力。除非你想让听众萎靡不振地离开。如果太正式算一个错误，那就将错就错吧！

疑问3：虎头蛇尾怎么样？

答：应该是虎头豹尾。如果你想做成虎头蛇尾也是可以的，那就设计一个响尾蛇的尾巴。

疑问4：什么是双结尾方式？

答：双结尾方式，是指在培训的最后阶段出现两次结尾。这主要是培训师在"提问+回答问题"环节采用的方式。

第一次结尾：当培训内容结束的时候，进行第一次结尾，然后进入提问和回答问题环节。

第二次结尾：当回答完问题后（或者答问环节结束时），培训师一定要重新站上讲台，集中精力，再一次有力地结尾，让你的声音响彻教室。

这样做的好处是：

① **保持培训师的权威**。在答疑环节可能会发生一些让培训师尴尬的状况，影响培训师的权威，如果培训师不再次站上讲台展示专业性，会让学员感觉"这个培训师被问题难住了，灰溜溜下台了"。

② **保持培训的完整性，真正做到有始有终**。答疑这个环节很有可能对整个培训产生某些负面影响，比如冲淡主题、引起新的话题等。培训师再次上台结尾，可以有效地避免出现类似情况。

2. 关于课堂结尾的工具

工具：培训师的结尾模式

运用范围：各类培训

目的：强化培训主题

适用对象：培训师、主讲人

具体步骤

第一步：总结全部内容。"我们今天主要的内容是……"

第二步：强调重点。"其中的重点是……"

第三步：结尾。

第四步：结束语。"我的分享到此结束，谢谢大家！"

第五步：邀请主持人上台。"现在，掌声有请我们的主持人……"

第六步：交接麦克风，下场。

本章小结

1. 学习要点

掌握有力结尾的各种方法。

2. 课后作业

① 为自己的课程设计三种结尾，在正式培训中采用其中一种；

② 为课程设计紧急结尾法，以备应急。

第八章

浑然一体
课程链接的方法和技巧

**ADDIE
小贴士**

课程进行了设计,相当于构建了各个模块,课程链接就是将各个模块有机地衔接起来,形成一个整体。课程链接分为"课程内容设计的链接"和"授课过程中的链接"。课程内容设计的链接属于课程开发的内容,授课过程中的链接属于课堂呈现的内容,它们的思路和原理是一致的,因此放在本章一起进行阐述。

第八章　浑然一体
课程链接的方法和技巧

一、课程松散的表现

1. 课程松散的典型案例

户外拓展培训曾经是一种广受欢迎的体验式培训，但是最近几年越来越走下坡路，原因是多方面的，其中一个很重要的原因就是，在设计拓展项目的时候，各个项目缺乏整体的规划，项目之间缺乏链接。同时，在训练的过程中，往往也是某个团队完成某个具体的项目，甚至会临时换项目，而培训师在这个过程中也没能将前后进行的项目进行有机的连接，让学员感觉训练是零碎的，没有整体性。

培训师在台上意气风发，台下的学员却是云里雾里。这样的培训师是不合格的。

如何让学员跟上培训师的思路呢？方法就是过渡和衔接。

2. 课程松散的典型表现

· 内容上没有链接，没有进行有效的设计。

· 呈现方式上没有链接，在授课过程中没有采用科学的链接方式，无法让学员体会内容的整体性。

· 过渡显得突兀，不符合逻辑。

· 用口头禅过渡，方式太过简单。

· 选用的链接方式不合理，无法将全部内容形成一个整体，显得很混乱。

3. 课程松散的原因

课程松散主要有两方面的原因：第一，在课程设计中存在问题，没有按照结构化的方式进行设计；第二，现场呈现，即培训过程中缺乏有效的链接。虽然这种链接是每个培训师都在用的，但是如果在课程设计的时候没有进行内容链接的设计，只在授课的过程中强行链接，就像"拉郎配"，显得很生硬。尤其是有着 I 型特质的讲师，其思维本身就有跳跃性，讲课更容易跳跃，让人感觉缺乏逻辑。

二、课程链接的管理学原理和作用

1. 课程链接的管理学原理

（1）断桥效应

断桥效应是指桥身和引桥之间缺乏顺畅的衔接，无法连接成一个整体。在培训中断桥效应，是指培训过程中如果无法采用合理的链接方式，传递给学员的信息将是零散、杂乱的，导致学员无法真正理解和掌握学习的内容。

（2）位差效应

双方处在不同的位置，对事物的理解不一致，以至于不能达成一致。培训师和学员之间就存在位差。首先，站的角度不同，身份不一样，对内容的看法也不一样。其次，培训师传达信息的方式和学员接收信息的方式不一样。培训师知道自己要讲什么，属于线性思维；学员不知道老师要讲什么，要一个点一个点地吸收，属于点性思维。这些差异导致两者的信息经常不一致。

如何减少位差，让培训师和学员尽可能保持一致呢？如何让前后的内容形成一个整体呢？这就需要链接。

2. 课程链接的作用

培训中的链接是将培训的各个内容有机联系起来的方式和手段，它主要有以下作用。

（1）顺利过渡

让上下文衔接更合理，符合人们的习惯，让学员不感到突兀。

（2）将全部内容形成一个整体

链接除了将上下文衔接起来以外，还能让全部内容形成一个整体，保持完整性。

（3）引导学员

使学员全面理解培训内容，防止盲人摸象。当学员仅仅看到某一部分内容的时候，培训师要提醒他还有其他内容。

（4）引导培训师

引导培训师顺利表达所要讲的内容。如果说课程内容是一颗颗漂亮的珍珠，那么链接就是一条绳子，将零散的珍珠串成珍珠项链。

三、课程链接的原则和方法

1. 课程链接的原则

（1）链接自然

要符合人们的习惯，不要显得太突兀。

（2）连接紧密

要把各个部分的内容连接成整体，形成紧密的关系。

2. 课程内容设计中的链接

课程内容设计的链接就是在课程设计中，对各个模块在内容上进行设计，采用某种链接方式将各个模块有机地连接起来，形成一个整体。

如图8-1所示，所谓链接是指如何将内容一、内容二、内容三有效地组织起来，关键在于找出它们之间的关系。同样，要点一、要点二、要点三也是如此。这一点恰恰是培训师容易忽略的。

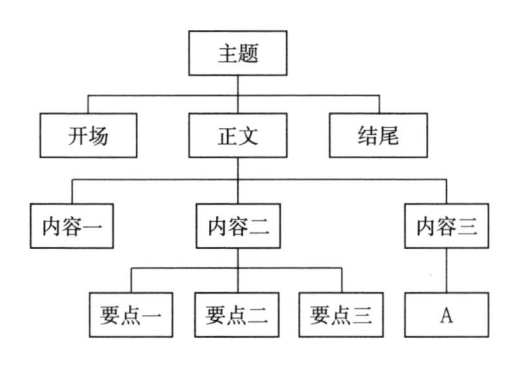

第八章 浑然一体
课程链接的方法和技巧

图 8-1 课程设计图

在给某银行讲 TTT 的时候，我按照 ADDIE 的模式进行训练。其中有一个小组开发课程的主题是"银行系统的保密原则"。他们设计的主要内容是：第一，什么是保密原则；第二，为什么需要加强保密；第三，保密的具体做法；第四，案例分析。如图 8-2 所示。

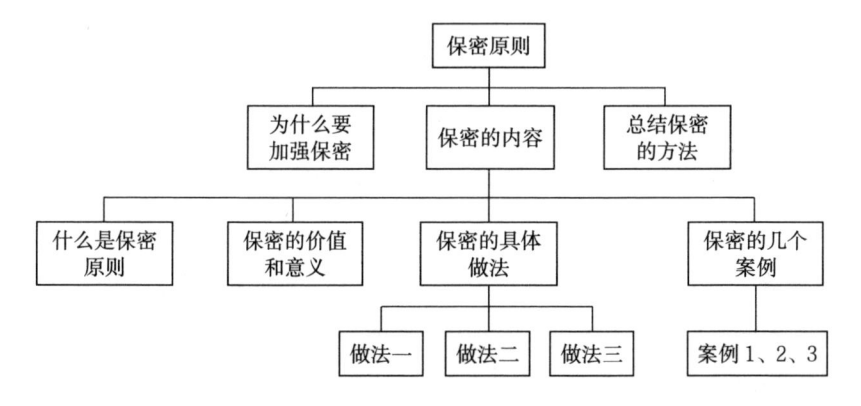

图 8-2 "保密原则"课程设计图 1

但是，通过对链接的分析，我发现了问题，因为"保密的几个案例"其实就是用具体的事件说明如何保密，它应该归属于"保密的具体做法"。他们也认识到了这一点，于是将三个案例纳入"保密的具体做法"，这样，整体结构和内容就更加合理、清楚。如图 8-3 所示。

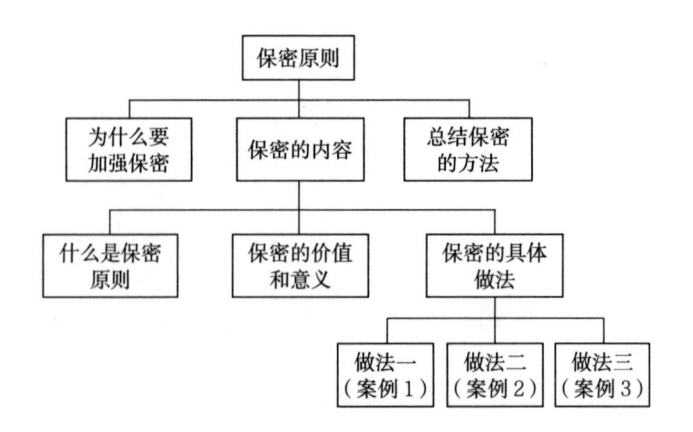

图 8-3 "保密原则"课程设计图 2

内容的链接又分为两种方式。

（1）内在的链接

内在的链接是指课程内容本身就是一个有机联系的整体，只是要按照某种方式在先后顺序上进行设计，也就是所谓的"无缝链接"。比如，如果采取的是案例分析法，由一个案例贯穿整个培训的始终，因为案例本身是连贯的，所以课程内在就有着天然的链接。

一门课程的案例如果本身就有连贯性，那么这些自然连贯起来的案例就组成情境，会让课程更加顺畅。当然，设计这样的"全景案例"需要专业水准，要不断地搜集素材并整理、加工、提炼。

需要注意的是，如果一门课程选择了几个案例，这几个案例之间本身缺乏连贯性，那么内在的链接力就不足，需要在授课的时候适当增加"合页"，将内容连贯起来。

（2）外在的链接

外在的链接是指同一个课程的各个模块需要用外在的工具连接起

第八章 浑然一体
课程链接的方法和技巧

来。就像本书在每一章专门设置了"ADDIE 小贴士",这个小贴士就相当于"合页",将各部分有效地连接起来。"合页"在专业上称为"锚定物",即一看到 ADDIE 就会自然联系到其他内容。

我在讲课程设计与开发以及 TTT 课程时,就运用锚定物的方式,将 ADDIE 的整个结构图画在一张大白纸上,让学员对于 ADDIE 有一个整体的思路,然后分别进行讲授和演练,而每到一个模块,就重新展示这张纸,让大家不断地强化整体印象。

这就是在讲课时运用外在链接的例子,课程设计时也可以用这样方法。

有一次,"鹰隼计划"班的一个学员讲 MTP 课程,我们就专门为他进行了设计。

MTP 是一个常用的管理类课程,往往用模块的方式进行呈现。虽然各个模块之间是有连接性的,但是这些连接性不太容易被学员发现和理解,这就需要培训师在课程开发时进行相关的连接,有意识地制造一个"合页",也就是锚定物。例如在进行"管理者的五大技能"课程设计时,就可以把"五大技能"作为一个锚定物,将模块设置为五大技能之员工管理、五大技能之工作管理等。

在制作 PPT 的时候,可以将"五大技能"设置成一个锚定物,如图 8-4 所示。

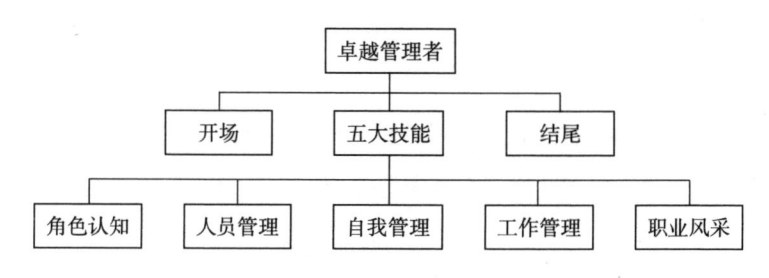

图 8-4 "管理者的五大技能"课程设计图

从以上案例可以看出，课程内容的链接是课程设计中非常重要的一个环节，也是必备的一个环节。

3. 授课过程中的链接

授课过程中的链接主要是指培训师在课程呈现时采用的链接方式。

常用的链接方式有两种：过渡和衔接。两者意思相近，但略有区别。过渡是指连接上下文的内容，比如第一段和第二段之间，或者上一句话和下一句话之间的连接。过渡相对简单，可以是一个词、一个动作，或者一个声音的变化。而衔接是将前文和后文，以及全部内容的各个部分连接在一起，目的是将全部内容结合在一起。

可以说，局部的链接叫"过渡"，整体的链接叫"衔接"。

（1）过渡的方法

① **连接词过渡**。这是最常见的方法，也是运用最多、最简单、最容易掌握的方法。

常用的连接词有：首先、其次、然后、接下来、最后，然而、但是；第一、第二，因此、因而、所以、那么、结果……

这里需要注意的是，过渡是由A到B之间的过程。如果每次都"然而""然而""然而"，很长时间一直在"然而"，就一直停留在AB之间，根本没有到达B，就像汽车堵在桥头，轮胎在原地打转，就是上不去桥面。

在此，我姑且将这种语言习惯称为"口头禅"。每次授课，在这个环节，我总是会引用这样一个真实的案例。

我曾在一家著名的大型医药集团上班。集团每年都开营销大会，

第八章　浑然一体
课程链接的方法和技巧

连续 5 天，会议的内容之一就是每个分公司老总谈自己公司的目标和规划，其实和其他公司关系不大。当时集团公司对会议纪律有着严格要求，违规就要罚款，迟到罚款、早退罚款、中途离开罚款、睡觉罚款、说话罚款、接电话罚款……会议的内容与自己完全无关，又没有什么趣味性，还不让睡觉、说话、早退，那么做什么呢？后来有同事终于找到一个秘诀，就是记录台上讲话者的"口头禅"，而且几个人打赌，看谁记得准确，谁输了就请客吃饭。这下大家可精神了，不仅听的时候聚精会神，还要做笔记，唯恐漏记了某一点。这个方法很快得到普及，此后的会议，大家都聚精会神地做笔记，再也没有睡觉、聊天的现象了。只不过大家的笔记本上全是关于"这个""然而""但是"的"正"字（一个"正"字表示出现了五次）。

记"正"字这种方法，对于控制"口头禅"有非常好的作用。每次讲 TTT，我都会讲这个故事，告诉学员要注意自己和别人说话时的"口头禅"。演练的时候，无论台上的学员还是台下的学员都非常重视这点。

② **声音过渡**。用声音的变化来过渡，如音量的变化、速度的变化等。只是声音的变化要和语言配合起来。

除了刚才讲的着装礼仪以外，关于礼仪（加重语气和声音），还有一个重要的方面，就是举止礼仪。

③ **身体语言过渡**。通过身体语言的变化来实现过渡，比如由站到走、由走到站、从演讲桌后面走出来等。

195

（培训师用规范的站姿站着）刚才我们共同学习了站姿的要求，现在训练坐姿（在预先准备好的凳子上坐下）。

④ **设问过渡**。在需要过渡的地方设一个问题，通过问题来引导过渡。在实际的培训过程中，更多的情况是将关联词、声音、身体语言和设问几种方式结合在一起的过渡方式。

刚才我们请"模特"给大家展示了标准的站姿，除了站姿以外，礼仪中还有很重要的一个方面就是坐姿，那么，到底该怎么坐呢（声音提高）？哪位伙伴来演示一下（向学员走近）？

几种方式结合不仅能够有效地过渡，还能让现场更精彩。在培训过程中要多采用多种方法结合的方式，当然最常用的过渡方式还是关联词。

（2）衔接的方法

衔接就是将不同的内容有效地组合在一起，形成一个整体。这种方式是培训师必须掌握的。实际上，很多时候学员就像"盲人"：一方面，培训师讲述的是一条线，而学员接收的是一个点；另一方面，培训者自己知道将要讲什么内容，而学员是不知道的，他们是被动地接收信息。这样就会导致学员接收的信息是不完整的，甚至是错误的。

一个人刚去新公司报到做行政文员，正好碰上领导要去上厕所，于是领导匆匆给新文员布置任务。

领导：来了啊，欢迎。你去把纸买回来。我去上厕所，今天拉肚

第八章　浑然一体
课程链接的方法和技巧

子。(说完就往厕所跑。)

新文员(立即跑出去买了包卫生纸回来,站在厕所门口喊):领导,纸买回来了,给您送进去吗?

领导:送进来干吗?你赶紧去打印一份资料。

新文员:这个怎么打印?这是卫生纸。

领导:谁让你买卫生纸的?我叫你买A4纸,要打印资料。

产生这个误会的原因是什么呢?主要是表达问题,领导表达的意思和员工理解的意思不一样。在培训中也是如此,不要以为培训师讲的学员都听明白了。尤其是当内容很多的时候,如果培训师无法把自己的内容有机地衔接起来,学员就会神游八方,接收到的信息就容易产生误差。

避免这种问题有两个方法:一是在设计内容时,要有科学的结构,就是要将内容结构化,甚至模式化,当学员听到这个内容的时候,就可以推测下一个内容;二是在讲课时运用链接手段。可以这么理解:结构化是培训内容内在的逻辑联系,而链接是培训师将这些联系展示给学员,让学员明白。

① **连接词法**。该方法和上文提到的过渡类似,只不过它是用在课程不同阶段的过渡上。下面以时间管理为例来说明。

(开始阶段)

今天的主题是"时间管理",我们将从以下四个部分进行阐述:第一,时间管理的意义;第二,常见的错误的时间管理法;第三,时间管理的基本原则;第四,时间管理的具体方法和操作流程。

点评：一开始就用链接，可以让学员"鸟瞰"整个培训的结构和内容。

（中间阶段）

刚才我们讲了第二点，就是错误的时间管理做法，让大家知道了这些方式是错误的。那么到底什么样的时间管理法才是正确的呢？在掌握具体方法以前，我们一起来看看第三点"时间管理的原则"，原则是指导思想，只有掌握了原则，我们才能更好地管理时间。

点评：中间的链接能够将已经讲过的上文和接下来要讲的下文连接在一起，这样既强化了学员对上文的记忆，又帮助学员把上下文联系起来。

（最后阶段）

我们今天学习的主题是"时间管理"，让我们共同来回忆有哪些内容。一共是四点：第一，时间管理的意义；第二，常见的错误的时间管理法；第三，时间管理的基本原则；第四，时间管理的具体方法和操作流程。

点评：无论是在开始阶段、中间阶段，还是结尾阶段，连接词都能够把内容衔接起来，形成一个整体。

② **重复关键词法**。关键词是指与主题相关的词。重复关键词，也就是强化主要内容，让学员明白自己的思路没有错，是跟培训师一致的。就如同导游带领大家游览重庆菜园坝长江大桥时，一定要不断地提及"菜园坝长江大桥"，如果仅仅说到长江大桥，就会有游客不知道究竟是哪座长江大桥，因为长江大桥不止一座。重复关键词既强化了主题，

第八章 浑然一体
课程链接的方法和技巧

又将学员的思路聚集在一起。

重复关键词还有一个好处，就是帮助培训师提醒自己，要在主干道上跑，不要跑上岔路。尤其是思维活跃型培训师，思路发散，加上缺乏方向感，很有可能自己跑到了岔路上还不知道。因此，重复关键词，能够帮助培训师把自己拉回来。

什么是关键词？比如，时间管理课程中，时间管理是关键词；社交礼仪课程中，社交礼仪是关键词；TTT培训中，培训师是关键词；5S管理中，S是关键词。

记住，连接词不是关键词。重复关键词是一种正确的链接方式，而重复连接词就成了"口头禅"，是错误的链接方式。一字之差，含义大不相同。

③ **前后呼应法**。培训师在授课过程中，要前后呼应，相互提及，让所讲的内容形成一个整体。上文中"时间管理"这个案例，除了连接词法以外，其实也用了前后呼应法。

"前后呼应法"包括两层含义。

第一层含义是"前呼后"。在前面讲述的时候，提及后面的内容，这个内容与之相关，但是出于课程安排的原因，将在后面详细讲。这样既让每个部分都有自己的重点，又提及了另外相关的内容，保证整个内容的完整性，让学员对另外的内容充满期待。

第二层含义是"后应前"。就是讲到后面课程的时候，要回应前面讲的问题，形成一个"闭环"，让学员觉得整个内容很完整，如：

我们刚刚讲到时间管理的原则，前面我们还讲到了一些错误的时间管理法，现在就来学习正确的时间管理法。

④ **交叉引用法**。对前面提到的某几个项目不做具体阐述，在后面的某个环节才进行相应的阐述。

交叉引用法和呼应法有些类似，区别在于：呼应法更多是"一对一"——前面提到某个问题，后面就针对这个问题回答；而交叉引用法是"多对多"——前面提到某几个问题，后面再分别进行回应。可以这么理解，交叉引用法是多个呼应法的组合。

交叉引用法类似于"花开两朵，各表一枝"，把一朵一朵的花描述清楚，同时也让学员看到其他的花，否则就成了"一枝独秀"。

⑤ **排比句法**。将关键的某句话作为连接词。

马丁·路德·金的《我有一个梦想》，每一节都是以"我有一个梦想"作为开场，将全部内容衔接在一起，对听众极具鼓动性。排比句除了有很好的连接作用以外，还有很好的修辞作用。

⑥ **列举法**。将几个并列的内容逐一列举，并深入分析和讲解。例如"高效人士的七个习惯"，讲这个课程可以用列举法，首先列举七个习惯的概念，然后针对每个习惯逐一深入分析。这种方式在结构上称为"分类组件式"。给企业做 TTT 内训，我在"企业培训师的十项修炼"时，也是用这种方式。只是企业不同，这十项的具体内容不同，但模式是相同的。"卓越领导力七项修炼""管理者的五项技能""5S 管理""优秀店长的十项技能"等，都可以用这种方式。

⑦ **总结连接法**。讲完一部分内容，要做总结，然后再进入下一部分，这样逻辑清楚，重点突出，连接有力。

来，咱们共同回忆一下刚才的内容，我们刚才讲的是时间管理中常见的问题，一共有七种。那么，如何解决这些问题呢？……

什么时候总结呢？第一，每部分结束时可以总结。第二，一个小时左右总结一次。

四、关于课程链接的答疑及工具

1. 关于课程链接的两个疑问

疑问1：有时我自己思路不清楚，忘了内容，有时讲一些案例，就会跑得太远，回不去了，怎么办？

答：结构化你的内容，重新整理你的结构，必须确保结构本身没有问题。

板书，在白板上板书你讲的内容，记不住的时候可以连接起来。

不要忘了电脑或者投影，上面有你的讲课内容。

最重要的是你自己要置身事外，避免"不识庐山真面目，只缘身在此山中"。记住，你是导游，不是游客。

疑问2：我感觉自己有"口头禅"，怎么改变？

答：是否叫"口头禅"，一是看重复性——某个词，尤其是连接词，连续出现三次及以上；二是看重复的这个词是否多余，也就是说，看看是否不需要这个词也可以完整地表达。符合以上两点的才是"口头禅"。

"口头禅"是一种习惯，既然是习惯，那就改变它。首先要发现自己的"口头禅"，在讲话的时候自己多留意。另外，你可以录音，听听自己的"口头禅"有哪几个，尽量避免它们。

2. 关于课程链接的工具

工具：紧密连接

运用范围：所有培训

目的：提高课程魅力

适用对象：培训师

表 8-1 课程链接措施表

方式	目的	措施	备注
过渡	连接上下文	连接词过渡：首先、其次、然后、接下来、最后，然而、但是，第一、第二、因此、因而、所以、那么、结果……	注意：口头禅不是过渡
		声音过渡：变化声音	
		身体语言过渡	
		设问过渡	
链接	将各个部分及全文连成整体	连接词法	和过渡类似
		重复关键词法	
		前后呼应法	
		交叉引用法	
		排比句法	
		列举法	
		总结连接法	

第八章 浑然一体
课程链接的方法和技巧

本章小结

1.学习要点

掌握链接的设计原理和方法。

2.课后作业

① 将自己的课程结构化,寻找其中的逻辑关系,检查是否合理;

② 把自己授课情况录下来,看看在表达中是否存在口头禅,如果有,注意纠正。

第九章

直面挑战
在线课程开发的方法和技巧

ADDIE 小贴士

在数字化时代,混合式学习已经是常态,对于培训师来讲,在线教学也是常态,但是线上教学和线下教学有着很大的不同,对于在线课程的开发和设计也提出了新的要求。因此本书专门增加了这章内容,帮助培训师开发在线课程。

第九章　直面挑战
在线课程开发的方法和技巧

一、在线课程的常见问题和优势

1. 在线课程开发 5 类常见问题

① **照搬线下的内容念 PPT**。把线下讲的课件直接搬到线上念。

② **线上教学氛围冷清**。线上教学缺乏线下授课的场域，培训师和学员之间有距离感，都不知道对方的状态，比如培训师不知道学员有没有认真听，在教学的过程中不知道如何调动线上教学气氛。

③ **内容结构无逻辑**。一堂在线课先讲什么、再讲什么、最后以什么内容结束，它们之间的逻辑衔接性不强。

④ **对线上工具的功能不熟悉**。培训师不熟悉可能会运用到的辅助在线教学 App 有哪些功能。

⑤ **互动呈现不吸引人**。常规的线下互动方式难以在线上课堂中发挥作用。

2. 在线课程的 3 个优势

① **短平快捷**。在线课程比较灵活，授课时间可以长也可以短，在日常工作中，如果发现了问题，马上就可以开发出一门线上课程供相应人员学习，让学习变得更加便捷。

② **成本低**。在线课程一旦开发出来，不受时间、空间以及环境的影响，覆盖到的人群也比较广。

③ **反馈及时**。在线课程一讲完，培训师就能通过学情反馈，看到学员有没有学完，有没有跟上节奏和进度。

在线课程有它的优势，但我们在开发在线课程的时候，往往达不到预期的效果。到底在线课程开发应该如何做呢？接下来，我们从教学主题确定和教学内容组织两方面来讲解。

二、在线课程教学主题的确定

教学主题确定，就是对线上课程开发进行定位，聚焦开发什么线上课、学员受众是谁，以及学员学习后有什么收获、具体什么技能。因此确定在线课程教学主题，应从三个方面来做，分别是理清课程方向、明确课程对象和制定课程目标。

1. 理清课程方向

理清课程方向可以从 3 个点来思考。

① **客户有要求**。培训师要考虑什么样的在线课题在市场上受欢迎，这就是考虑客户的要求。比如：客户觉得为了获得更好的培训效果，

需要增加线上授课的部分；或者在企业内部，领导觉得你在某一方面做得很出色，让你开发一门线上课给大家分享。

② **用户有诉求**。虽然要考虑客户提出的要求，但在具体开发线上课的时候还是要多了解我们的用户——学员，他们的诉求是什么，他们在平时工作过程中遇到了什么难题或者问题。

③ **老师有经验**。针对客户的要求和用户的诉求，正好你有实践经验，那么你开发这一门课，它大概率就是受市场欢迎的。

培训师在拟定课程方向的时候，就要想一想这个内容领导是不是曾经提过要求，同事在工作过程中有没有这样的诉求，自己在这方面有没有实践经验，如果答案都是肯定的，那么这就可以作为你在线课程的一个方向。

2. 明确课程对象

在线课程大方向有了，那么这个在线课到底是讲给谁的？这要从两个方面来考虑。

（1）**课程对象要聚焦**

在线课程的时间通常不会很长，如果内容很多，一般都会化整为零，比如三个小时的课，也有可能把它分成三个一小时或者是六个半小时。所以课程对象越聚焦越好。

（2）**对象不同，内容要有差异**

举个例子，一家企业分别针对新员工及进公司3年以上的老员工进行在线企业文化培训。这里我们看到，培训对象不一样。

都是在线讲企业文化，所讲的内容有差异吗？肯定有，因为对象不一样，他们对同一个主题的认知水平不一样，所以内容的差异点要充分考量。

针对新进员工，更多讲公司的发展、公司的价值观、公司的愿景、公司的使命、公司的诞生以及未来规划等。针对进公司3年以上的老员工，他们基本学过上述内容，如果再讲使命、愿景以及价值观，他们肯定不感兴趣，所以这个时候要讲的是在当前工作过程中，有哪些人更好地践行了企业文化，有哪些事更好地体现了企业文化，企业文化中的哪些点更好地进行了落地实践，从而引导学员更好地在工作中践行企业文化。

再举一个在线销售培训的例子。比如第一种授课对象是进公司的销售新人，第二种授课对象是有销售经验的老人，第三种授课对象是销售团队的管理者。刚进公司的销售新人更多是需要听一些跟销售技巧相关的内容，有销售经验的老员工是希望进一步提升销售技能，比如，如何在销售过程中做得更好，而销售团队的管理者，更需要诸如如何对销售团队进行管理的内容。

3. 制定课程目标

为在线课程开发制定培训的目标，需要从两个方面进行梳理：挖痛点和抓重点。

（1）挖痛点

比如要开发一门销售相关的在线课，针对有销售经验的人员讲"销售九招式"，内容有建立关系、推进关系、挖掘需求以及影响客户等。在制定培训目标的时候，要梳理在销售的过程中，有经验的人员在哪方面有困难。如果在"影响客户"这一方面做得不太好，那么这一方面就是痛点，就是在线课程需要重点考量的方面；如果在"管理期望"这一方面做得不太好，那么"管理期望"就是这次线上课程开发的一个痛点。

（2）抓重点

培训师需要通过调研、挖掘授课对象的需求，比如哪些销售招式不太了解，或者在销售的过程中，哪些重点环节把握得不太好。如果把"挖掘需求"作为当前在线课的重点，那接下来2～3次在线课程开发，就可以聚焦在"销售九招式"中通过挖掘需求来影响客户。

为什么在线课程开发定目标的时候要挖痛点和抓重点？因为在线课程授课时间短，需要教学目标的针对性更强。

在定目标的时候，培训师还要结合课程的场景以及学员在场景中遇到的问题，把所开发的在线课放到对应场景中。举个例子，销售新人在线学习销售技能后，能够完整地执行一个销售任务的流程。有一定销售经验的人学习后，能够基于"销售九招式"更好地跟客户进行沟通，提升成交的转化率。

因为对应的任务不一样，在线课程要解决的问题也不一样，针对销售新人更多是把流程的全面性、完整性讲出来；针对有一定销售经验的人来说，就需要分析在销售的整个过程中，主要是在哪些地方存在问题，要着重对当前存在的问题进行突破。

梳理目标后，培训师要把这个目标写出来。课程目标撰写的时候围绕两个维度，第一个是知识，第二个是能力。比如，在线课程的内容能够扩充学员哪些知识和提升哪些能力；在线课程学完了之后，不管在线课程讲半小时还是一个小时，学员会思考课程扩充了自己哪些知识，提升了哪些能力。

三、在线课程教学内容的组织

1. 通过 3 个方法来定标题

在线课程要有一个标题,好的标题能吸引学员。拟定标题主要有以下 3 个方法。

① **突出难点法**。比如"财务报销三大难点",财务报销有很多方面,我们这一次在线课程就讲报销的三大难点,可以让学员在学习前思考到底是哪三大难点。

② **形象包装法**。用一些形象的物体对名称进行阐述说明。比如"情境高尔夫",情境管理理论本身看不见摸不着,比较抽象,但是把它跟打高尔夫结合起来,就便于学员理解了,而且容易引发学员的好奇心。

③ **呈现效果法**。说明学习此内容能给学员带来什么样的价值收益。

以上 3 个方法是拟定在线课程标题的常见方法。在线课程的标题一定要比线下课程标题更具有吸引力,让大家听到这个标题就想来学。在课程拟定标题这方面,我们可以借鉴抖音短视频的起名方式。

2. 如何组织在线课程教学内容

组织在线课程教学内容主要从"三化"展开:内容结构化、内容丰富化、内容视觉化。此时会遇到三大挑战:时间性、趣味性、实用性。

• 时间性:在线课程对时间的要求比较高。

• 趣味性:在线教学课程缺少线下教学的场域,它需要融入更多趣味性,让学员能够参与其中。

• 实用性:线上课程要具备实用价值。

基于这三大挑战，培训师在组织教学内容时有两大原则，即系统化和模块化。

比如一门在线课程的内容，分三次讲完，三次课是一个有机的系统，有一个完整的结构，且要相辅相成。同时，每一次在线课程既要满足整体的系统化，又要满足单次课程模块的独立性。

3. 内容结构化的方法

（1）立足教学目标

教学目标主要分为知识目标和能力目标。以沟通相关的课程为例，知识目标就是能够说出沟通的定义、价值和方法，能够扩充跟沟通相关的知识。能力目标是能运用所讲述的沟通方法与团队的伙伴进行一次沟通。

（2）将教学目标化整为零

在线课程的教学目标确定后，我们如何把这个目标化整为零呢？如何把一个大的目标分解成几次在线课程？比如能说出产品的卖点、功能及核心优势、将此产品介绍给客户。其中，能说出产品的卖点、功能及核心优势，就可以被分解为产品的定位、产品的功能、核心优势、成功案例；将此产品介绍给客户，就可以分解为问题/现象引起客户关注、产品的解决途径和措施、取得的效果是不是客户想要的、实施成功案例、我们的特色以及差异化。

（3）用三段式结构实现教学目标

将教学目标化整为零之后，需要组织相关内容来实现对应的目标，这就要搭建在线课程的结构。为了加强学员在听的过程当中的逻辑结构体验,建议采用三段式结构。

- 第一段是导课。引起学员兴趣。
- 第二段是正课。让学员持续学习。
- 第三段是结课。助力学员将所学内容进行强化并迁移到工作场景中。

4. 在线课程常用的结构形式

在线课程开发有两种常见的结构形式。

(1) PRM 结构

PRM 结构中 P(phenomenon)指的是现象呈现,在线课程一开始就要列举课程对应场景中的不良现象,或者用一些案例把这些不良现象呈现出来,通过不良现象或常见问题的列举引起学员共鸣;R(reason)是进行原因的分析,是什么原因导致这些不良现象或者常见问题发生。最后给出对应的解决方法 M(measures)。

(2) KAS 结构

KAS 结构中 K(knowledge)指知识、A(attitude)指态度、S(skill)指技能,即先讲课程的知识、概念和理论,让学员对内容有初步的了解,然后阐述为什么要学习这门课,它的价值、作用和意义,最后讲操作技能的流程和方法。在线课程结课环节我们要强化迁移,可以对内容进行总结回顾、作业练习、号召行动等。基于这两种结构,我们就能够将在线课程的内容结构化。

5. 课程内容丰富化的两种方法

只规划框架结构是不够的,还要进行内容的丰富化。内容丰富化

第九章　直面挑战
在线课程开发的方法和技巧

主要从两个维度来做：提金句和多论据。想让学员感到趣味性，或者说感到实用性，提金句和多论据是两个非常重要的手段。

（1）提金句

提金句，顾名思义，就是把在线课程中某些内容提炼出一些精炼的、有特色的句子，让学员想听，想了解。

比如，入职沟通做得好的收益有：

a. 让新员工快速融入团队、减少陌生感。

b. 熟悉沟通、工作风格，缩短建立工作默契的时间，降低管理难度。

c. 积累团队管理中入职面谈的成功经验，为后续做绩效面谈和人员管理打基础。

d. 使新员工尽快进入岗位角色，明确岗位职责、工作分工、阶段性目标，尽快产能，提升人效。

e. 缩短迷茫期，增强员工内在驱动力和目标感。

① 归好类。ade 是针对新员工的收益，bc 是从管理者的角度来谈收益，那就可以把入职沟通做得好的收益归为两类：对新员工的收益和对管理者的收益。

② 理要点。a 的要点是快速融入团队，d 的要点是尽快进入岗位角色，e 的要点是缩短迷茫期，b 的要点是降低管理难度，c 的要点是积累经验。

③ 提金句。入职沟通做得好针对新员工的收益：快速融入团队，尽快进入岗位角色，缩短迷茫期，基于这三点可以提出一句金句：入职沟通做得好助力新员工成长"短平快"，度过迷茫期——短，融入团

队——平，进入角色——快。

学员记住了金句，就记住了你讲的内容。

（2）多论据

哪一些内容可以作为论据更好地吸引学员呢？实际工作中的案例、图片相关的视频、故事以及对应的表格说明等，都是论据。

① 案例。用案例对所讲的内容进一步阐述说明，案例既可以是实际发生的，也可以是听来的。

② 图片。结合所讲内容选取直接相关的图片，图片能够让在线课程的内容更加形象直观。

③ 视频。将视频融合到在线教学的过程中，可以引起学员的兴趣。视频虽好，不可贪长，在线课程引用的视频，建议控制在 1～3 分钟，不要超过 3 分钟。

④ 故事。用一些生动有趣的寓言故事，或者真实发生的故事，让学员在听的过程中感到趣味性。

⑤ 表格。对文字信息辅以表格，让关键信息更加突出，帮助学员紧跟讲课节奏。

6. 在线课程如何有好的视觉感

内容视觉化对在线课程开发是比较关键的。如何让授课内容视觉冲击力更强？我们可以从字、框、图这三方面来体现授课内容的视觉冲击力。

① 字。提高文字视觉冲击力就相当于在授课的过程中，让学员立刻就能够看到文字中的重点。怎么做？首先是精简提炼，比如把六段文字提炼成三段文字，提炼之后把其中重点的字和词放大一些，并用

颜色区分。文字有凸显，学员就更容易看到重点。

② 框。视觉化框常用的有线框、图框和表框，用框的目的是让学员通过一页PPT，知道课程先讲什么，再讲什么，最后讲什么，帮助学员跟上讲课的逻辑，理解课程内容。

③ 图。配一些图片，加一些色块，添加一些图标，可以让学员在听课的过程中，不至于感觉太枯燥。

在线课程开发对课件的视觉化要求，高于线下授课教学。

关于这部分内容，我主要从教学主题界定和教学内容组织这两方面给大家展开，希望大家运用教学主题界定的理方向、明对象和定目标，来明确我们的教学主题。确定教学主题后，运用内容结构化、内容丰富化和内容视觉化来组织在线教学内容，开发出精彩的在线课程。

四、关于在线课程开发的答疑及工具

1. 关于在线课程开发的两个疑问

疑问1：为什么说在线课程的学员对象越聚焦越好？

答：在线课程学习便捷、灵活，不像线下培训每次要组织一定人数到场参与，在线课程对于人数没有要求。学员对象越聚焦，内容就越能从对象的角度出发抓深度，所使用的场景也越能符合对象的特点。如果学员对象范围较广，这点就比较难实现。

在线课程一次学习的时间不会很长，30分钟、60分钟或者90分钟等，对象越聚焦，课程的目标就会越明确。

疑问2：在线课程开发内容模块既要做到模块化又要做到系统化，会不会有矛盾？

答：不会，模块的模块化是指每次在线课程都要是独立的，自成一体，哪怕学员对象只在线学习一次课程，也会学有所获，而且是完整独立，不影响其他部分的学习；模块的系统化强调在线课程模块间的连接，比如三次线上课程，组合在一起，相辅相成，内容又是系统的，既不会重复也不会冲突。

2. 关于在线课程开发的工具

工具1：在线课程目标撰写（见表9-1）

运用范围：在线课程开发者

目的：界定在线教学主题

表9-1 在线课程目标撰写表

课题：	对象：	时长：
扩充哪些知识（让学员知道）		
提升哪些能力（让学员做到）		

工具2：在线课程评价表（见表9-2）

运用范围：在线课程开发者以及组织者

目的：评价在线课程的优劣

第九章 直面挑战
在线课程开发的方法和技巧

表 9-2 在线课程评价表

评价维度	描述说明	分值
课程标题	标题能吸引学员，通过标题突出难点，通过标题呈现效果，通过标题对内容更加形象等	10分
课程对象	课程对象要聚焦，在线课讲给谁	10分
课程目标	课程目标立足学员工作场景下的重点和痛点来展开，体现针对重点和痛点的解决思路和方法工具	10分
课程结构	采用三段式结构，第一段是导课，引起学员兴趣；第二段是正课，让学员持续学习；第三段是结课，助力学员将所学内容进行强化和迁移到工作场景中	20分
课程金句	运用归好类，理要点，提金句的方法对重点、痛点内容进行金句提炼，便于学员理解和记忆	10分
课程论据	实际工作中的案例、图片，相关的视频、故事以及对应的表格说明等都可以作为在线课的论据，更好地对在线课程内容进行阐述说明	20分
课件呈现	从字、框、图这三方面来体现授课内容的视觉冲击力。提高文字视觉冲击力就相当于在线教学授课的过程中，让学员立刻看到文字中的重点；运用线框、图框和表框让学员通过在线课件，就能够跟上讲课的逻辑；配一些图片，加一些色块，添加一些图标，让学员在听课的过程中，不觉得枯燥	20分

本章小结

1. 学习要点（见表 9-3）

表 9-3 在线课程开发要点

学习维度	学习任务	学习知识点
在线教学主题界定	理清课程方向	客户有要求
		用户有诉求
		老师有经验

（续表）

学习维度	学习任务	学习知识点
在线教学主题界定	明确课程对象	对象要聚焦
		内容要有差异
	制定课程目标	挖痛点
		抓重点
在线教学内容组织	内容结构化	立足教学目标
		目标化整为零
		三段式结构
	内容丰富化	提金句
		多论据
	内容视觉化	字要凸显重点
		框要体现逻辑
		图要身临其境

2.课后作业

① 如果你是企业内训师，运用在线课程开发的方法，开发更多的在线课程，丰富你的授课体系；

② 如果你是职业培训师，运用在线课程开发的方法，开发出优秀的在线课程，立足你的线下课程，真正实现线上线下的互相配合。

第十章

与时俱进
AI 在培训师培训教学中的应用

**ADDIE
小贴士**

近年来 AI（人工智能）技术兴起，给培训师带来了挑战。对于培训师而言，不是用不用 AI 的问题，而是如何用好 AI 的问题。作为培训师，掌握并有效利用 AI 技术，不仅能够极大地提升培训效率与质量，还能实现培训过程的个性化与智能化，为企业的持续发展和人才储备提供强有力的支持。本章内容能让培训师比较全面地认识 AI 对于培训的影响，重视 AI 的运用。同时，本章将深入探讨 AI 在培训师培训需求调研、培训课程开发、培训授课及培训效果分析全过程的应用，并推荐几款实用的 AI 工具，希望帮助培训师全面提升课程开发能力。

第十章 与时俱进
AI 在培训师培训教学中的应用

一、AI 培训需求调研的优势：精准定位，个性化定制

培训需求调研是培训工作的起点，也是确保培训效果的关键。传统的方式往往依赖于问卷调查、面对面访谈等手段，不仅耗时耗力，还可能因主观因素导致数据偏差。而 AI 技术的引入，则为培训需求调研带来了革命性的变化。

1. 数据收集与分析

AI 能够自动抓取和分析学员的工作表现数据、技能数据、职业规划数据以及培训历史数据等，通过聚类分析、关联规则挖掘、时间序列预测和情感分析等方法，精准识别每名学员的培训需求。

使用 AI 收集数据，主要分两步进行。

① **第一步：确定数据收集范围与目标**。首先，培训师需明确数据收集的范围和目标，这包括但不限于学员的个人信息（如年龄、教育背景、工作经验）、培训前后的技能测试成绩、培训参与度（如课程完

成率、互动次数）、学员反馈（通过问卷或访谈收集）以及行业趋势数据等。明确目标有助于精准设定分析维度。

② 第二步：**数据收集与整合**。利用"智训平台（现代智训学堂职业培训网络平台）"的数据采集功能，培训师可从多个渠道收集数据。平台支持连接企业内部系统、在线学习平台、社交媒体等数据源，实现数据的全面整合。同时，培训师可手动上传补充数据，如纸质问卷扫描件等，确保数据的完整性和准确性。

2. 个性化培训方案制定

基于 AI 的分析结果，培训师可结合企业的战略目标和行业趋势，并考虑学员的个人能力、职业规划和工作表现等快速定制培训方案。以文心一言为例，可通过输入"关键提示词"获得培训方案。

首先，清晰界定培训的具体目标、受众及期望成果，这是生成有效培训方案的基础。

其次，根据培训目标构建输入指令，包括培训主题、目标学员的特征、预期的教学效果、时间安排等关键信息。

最后，利用软件文本生成能力，输入指令后，等待其生成初步的培训方案框架，生成包括课程目标、教学内容、活动设计、评估方式等内容的方案草案。

如在文心一言输入，"请设计一门企业培训课程，主要面向通信行业新员工开展部门沟通的培训，受众为刚入职员工，30人；目的是帮助新入职员工了解企业工作场景，并运用科学的方法进行人际沟通；培训时长为1天（6个小时）。请据此完成一份课程大纲"，1分钟左右时间可获得这样一份课程大纲：

第十章　与时俱进
AI在培训师培训教学中的应用

企业培训课程大纲：通信行业新员工部门沟通技能提升

课程名称：高效沟通，共筑通信桥梁——新员工部门沟通工作坊

课程目标：

- 使新入职员工全面了解企业工作环境及文化，增强归属感。
- 掌握有效沟通技巧与策略，提升跨部门协作能力。
- 学会处理沟通中的常见障碍，促进信息流畅传递。
- 增强团队意识，建立积极向上的工作关系。

培训对象：通信行业新入职员工，共计30人。

培训时长：1天（6小时），分上午、下午两个时段进行。

上午时段（3.5小时）

08:30—09:00 开场与破冰

开场致辞：介绍培训目的、日程安排及讲师团队。

破冰活动："快速自我介绍+兴趣匹配"，促进学员间初步了解。

09:00—10:00 企业文化与工作场景介绍

公司概览：公司历史、愿景、使命及核心价值观。

通信行业概况：当前行业动态、公司市场定位及竞争优势。

工作环境展示：部门结构、工作流程、关键岗位职责。

10:00—10:15 茶歇

10:15—11:30 沟通基础与理论

沟通的重要性：案例分析，展示有效沟通对工作效率与团队氛围的影响。

沟通模型解析（如 Shannon-Wiener 模型）：理解信息传递的全过程。

倾听的艺术：技巧分享，如主动倾听、反馈确认等。

非言语沟通：肢体语言、面部表情、声音语调的作用与运用。

11:30—12:00 小组讨论：我眼中的有效沟通

分组讨论：结合个人经历，分享有效沟通的正反面案例。

汇报分享：每组派代表总结讨论成果，增进彼此理解。

下午时段（3.5 小时）

13:30—14:30 跨部门沟通策略

理解差异：不同部门文化、职责与思维方式的差异。

建立信任：信任建立的方法与重要性。

清晰表达：如何制定明确、具体的沟通目标与内容。

冲突解决：跨部门冲突的常见类型及应对策略。

14:30—14:45 茶歇

14:45—16:00 实战演练：模拟跨部门沟通场景

场景设定：根据通信行业特点，设计跨部门协作场景（如项目协调、技术支持请求等）。

角色扮演：分组进行角色扮演，模拟沟通过程。

点评反馈：讲师及学员互评，指出亮点与改进空间。

16:00—16:30 总结与行动计划

课程回顾：总结一天的学习要点。

制订个人行动计划：每名学员制订未来一个月内在部门沟通方面的具体改进计划。

结业寄语：鼓励学员将所学应用于实际工作中，持续提升沟通能力。

16:30—17:00 Q&A 与闭幕

开放问答环节，解答学员疑问。

颁发培训证书，结束培训。

培训师可根据个人经验和专业知识进行调整。可能需要对内容顺序、教学方法、案例分析等进行优化，进一步完善培训方案，确保其既具有创新性又符合实际教学需求。最终定稿后，即可用于培训。

二、AI 培训课程开发的优势：智能推荐，高效设计

培训课程开发是培训工作的核心环节。AI 技术的应用，可以让课程开发变得更加高效、精准和个性化。

1. 智能推荐学习资源

AI 能够根据员工的技能水平和培训需求，智能推荐在线课程、培训视频、行业报告等学习资源。这些资源不仅内容丰富、形式多样，AI 还能根据员工的学习进度和反馈进行动态调整，确保学习内容的时效性和针对性。

（1）谷歌学术

操作方法：培训师可登录谷歌学术，输入关键词（如"领导力培训""项目管理技巧"）进行搜索。该工具能智能筛选并展示相关学术论文、书籍章节、会议论文等高质量资源。通过设定时间范围、作者或出版物类型等筛选条件，可进一步精准定位所需资源。

（2）天工 AI

操作方法：培训师可访问天工 AI 的官方网站，注册并登录账号。在搜索框中输入关键词，如"领导力培训案例"，天工 AI 将快速检索并展示相关资源。其搜索结果不仅包含文本信息，还可能涵盖图片、

视频等多种形式，满足多样化的学习需求。

（3）秘塔AI搜索

操作方法：访问秘塔AI搜索的官方网站，输入关键词进行搜索。秘塔AI搜索专注于提供高效、无广告的搜索体验，其全网搜索功能覆盖了互联网上的各类信息源，特别适合寻找综合性的学习资源。此外，秘塔AI搜索还提供了文库搜索和学术搜索等专项功能，有助于培训师快速定位专业性强、质量高的学习资料。

（4）Kimi智能助手

操作方法：培训师可登录Kimi智能助手的官方平台，利用其强大的搜索和生成能力来辅助学习资源的收集。Kimi不仅支持文本搜索，还能处理文件、网页等复杂输入，为培训师提供全面、深入的学习资源。此外，Kimi的多轮对话功能可以让培训师在搜索过程中保持上下文连贯性，获得更加精准的搜索结果。

培训师合理使用AI，可以高效、智能地获得学习资源，收集学习方案。培训师可以根据自己的需求和偏好选择合适的工具，以提升工作效率和学习效果。

2. 互动式学习体验

随着教学资源的获取日益便捷，培训课堂会更侧重现场互动及体验。利用AI可以开发互动式学习体验，如利用虚拟现实（VR）和增强现实（AR）技术模拟真实工作场景，让学员在模拟环境中学习和实践，充分利用数字化教学平台开展教学。此外，聊天机器人和智能导师等AI工具也能为学员提供实时的学习支持和答疑解惑。

第十章　与时俱进
AI在培训师培训教学中的应用

（1）蓝墨云班课

培训师首先需要在手机上安装蓝墨云班课App，并创建或加入班级。在课堂上，培训师可以通过App发布课堂任务、问卷调查、课堂讨论等，即时获取学员的反馈。同时，App还支持实时点名、随机提问等功能，有效提高课堂互动性。学员也可以通过手机参与讨论、提交作业，实现与培训师的即时互动。

（2）课堂派

课堂派是一款基于PC网页和手机微信的多屏课堂互动与教学管理工具。培训师可以在课堂派的电脑端或手机端创建课程，并邀请学员加入。在课堂上，培训师可以利用课堂派进行课件分享、在线测试、实时互动等操作。学员则可以通过手机微信接收课程通知、参与讨论、提交作业，实现与培训师的无缝对接。课堂派还支持成绩管理、话题私信等功能，方便培训师进行课后辅导和沟通。

（3）腾讯会议

培训师可以在腾讯会议上创建会议，并邀请学员加入。在课堂上，培训师可以通过共享屏幕展示PPT、视频等教学资源，同时利用语音和视频功能与学员进行实时互动。学员可以通过语音、文字或举手功能提出问题或参与讨论，实现与培训师的全方位互动。

（4）文心一言

文心一言是百度基于深度学习技术推出的AI工具，它具有自然语言处理、图像识别、语音识别等多项技术，具备强大的语义理解和生成能力。学员可以通过与文心一言的对话，实时获取专业知识解答、技能指导等，可以提升学习效率。

(5)讯飞星火

讯飞星火是科大讯飞推出的一款 AI 助手，具备自然语言处理能力和跨领域知识理解能力。它不仅能够进行语言理解、知识问答，还能完成逻辑推理、解决数学问题等复杂任务。在培训中，讯飞星火可以充当智能导师的角色，为学员提供个性化的学习路径规划和实时答疑服务。科大讯飞已经与国家开放大学合作，开展了基于 AI 技术的个性化英语教学，教学效果很好。

(6)豆包

字节跳动推出的豆包，是一款多功能的人工智能工具和免费 AI 聊天机器人。它具备文案创作、PDF 问答、长文本分析、学习辅助等多种功能。在学员培训场景中，豆包可以根据学员的需求，提供定制化的学习资源和实时解答，帮助学员快速掌握新知识和技能。

三、AI 培训授课的优势：个性化教学，实时互动

培训授课是培训师与学员直接交流的重要环节。AI 技术的应用，可以让授课过程更加个性化、互动化和高效化，真正实现"以学生为中心"。

1. 实现个性化教学

AI 系统能够根据学员的学习习惯和能力水平，提供个性化的学习体验。例如，针对不同学员的学习速度和学习风格，AI 可以调整学习内容的难度和深度，使学员更容易理解和消化知识。同时，AI 还能根据学员的反馈和表现，实时调整教学策略和方法，确保教学效果的最大化。

第十章　与时俱进
AI 在培训师培训教学中的应用

（1）智谱清言

智谱清言是智能对话系统，专注于教育领域的个性化教学。学员可通过输入问题或描述学习需求，得到相应的知识解答或学习建议。对于复杂问题，智谱清言能进行多轮对话，逐步引导学员深入思考。同时，它还能根据学员的历史学习数据，预测其学习难点，并提前推送相关学习资源。

（2）腾讯课堂智能助教

这是利用 AI 技术，为在线教育提供个性化的学习辅助工具。在直播或录播课程中，智能助教能自动识别学员的提问，并尝试给出解答。对于无法直接回答的问题，它会转交给讲授者处理。此外，智能助教还能根据学生的学习进度和表现，推荐相关的课程和学习资源，帮助学员巩固知识点，提升学习效果。

2. 随时互动与答疑

生成式虚拟专家形象（如 AI 助教）能够实现专家的"分身有术"，在实际工作场域中随时、随需为学员提供个性化的专家支持服务。这些虚拟专家能够与学员进行实时的互动和问答，解答学员的疑惑，提升学员的学习参与度和满意度。

AI 助教通过集成先进的人工智能技术，为培训师和学员提供一系列便捷、高效的教学辅助工具。AI 助教在培训课堂中的功能涵盖了个性化学习支持、智能辅助教学、学习效果评估与反馈、情感交流与激励以及跨平台与全天候支持等多个方面。它们通过先进的技术手段和智能化的服务模式，为培训师和学员提供了全新的教学体验和学习体验。

(1)个性化学习支持

① **定制化学习资源**。AI助教能够根据每位学员的学习需求、兴趣和进度,提供定制化的学习资源。通过大数据分析学员的学习行为,AI助教能够精准推荐合适的学习材料和练习,帮助学员实现个性化学习路径。

② **实时答疑解惑**。学员在学习过程中遇到的任何问题,都可以尝试通过AI助教获得即时解答。AI助教能够理解自然语言,与学员进行流畅的对话交流,提供详尽的解答和指导。

(2)智能辅助教学

① **教学设计与优化**。AI助教能够协助培训师进行教学设计,根据教学目标和学员特点,提供合适的教学策略和活动建议。同时,AI助教还能在教学过程中实时分析学员的反馈和表现,为培训师提供教学优化方向。

② **课堂互动管理**。AI助教能够增强课堂互动性,通过提问、讨论、投票等多种形式,激发学员的学习兴趣和参与度。它还能自动记录和分析课堂互动数据,为培训师提供课堂效果评估的依据。

(3)学习效果评估与反馈

① **学习进度跟踪**。AI助教能够实时跟踪学员的学习进度,包括学习时长、任务完成情况等,为学员提供学习进度报告。同时,它还能根据学员的学习表现,预测学习成效,为培训师提供学员学习情况的全面反馈。

② **学习成果评估**。在培训结束后,AI助教能够对学员的学习成果进行评估,包括测试成绩、作业完成情况等方面。通过大数据分析,AI助教能够生成学员的学习成果报告,为培训师和学员提供详细的反

馈和建议。

（4）**情感交流与激励**

① **情感识别与回应**。虽然 AI 助教在情感交流方面尚不能完全替代真人，但一些先进的 AI 助教已经具备了一定程度的情感识别能力。它们能够感知学员的情绪变化，并做出相应的回应和鼓励，增强学员的学习动力和信心。

② **激励与奖励机制**。AI 助教可以设计激励与奖励机制，通过积分、勋章、排行榜等形式，激发学员的学习积极性和竞争意识。这种机制有助于促进学员的持续学习和进步。

（5）**跨平台与全天候支持**

① **跨平台兼容**。AI 助教通常支持多种终端和设备，包括电脑、手机、平板等，学员可以在任何时间、任何地点通过合适的设备访问 AI 助教进行学习。

② **全天候支持**。AI 助教提供 7×24 小时不间断的服务，学员可以随时随地向 AI 助教提问或寻求帮助。这种全天候的支持模式极大地提高了学习的灵活性和便捷性。

四、AI 培训效果分析的优势：数据驱动，持续优化

培训效果分析是评估培训工作成效的重要环节，传统培训中"数据收集难、统计难、分析难"成为培训师使用数据进行分析的"拦路虎"。AI 技术的应用，使得培训效果分析更加便捷、客观、准确和高效。

1. 更好实现柯氏四级培训效果数据的采集及分析

（1）明确数据采集与分析目标

需要明确柯氏四级培训效果评估的四个层次——反应层、学习层、行为层和结果层，以及每个层次需要采集的数据类型和分析目标。例如，反应层主要关注学员对培训的满意度，学习层关注学员的知识和技能掌握情况，行为层关注学员在实际工作中的行为改变，结果层则关注培训对组织绩效的影响。

（2）选择合适的 AI 工具

针对柯氏四级评估的不同层次，可以选择或开发具有相应功能的 AI 工具。

① **反应层**。可以使用 AI 驱动的问卷调查工具，如腾讯问卷、问卷星等，通过智能分析功能快速收集并分析学员的满意度数据。

② **学习层**。可以引入 AI 在线测试系统，如考试星、钉钉智能填表等，实现自动组卷、阅卷和成绩分析，评估学员的知识掌握情况。

③ **行为层**。利用 AI 数据分析平台（如阿里云、华为云等）结合工作绩效管理系统，对学员的工作行为数据进行跟踪和分析，观察其是否将所学知识和技能应用于实际工作中。

④ **结果层**。借助 AI 大数据分析技术，结合组织的绩效管理系统和财务数据，分析培训对组织绩效的整体影响，如销售额增长、客户满意度提升等。

（3）数据采集策略

选择合适的数据采集策略。

① **自动化采集**。利用 AI 工具的自动化功能，减少人工干预，提高

数据采集的效率和准确性。例如，通过 API 接口自动抓取学习平台上的学习数据、工作绩效系统中的行为数据等。

② **多维度采集**。除了基本的满意度调查和学习测试外，还可以采集学员的学习行为数据（如观看视频时长、参与讨论次数等）、工作绩效数据（如任务完成率、客户反馈等），以及组织层面的绩效数据（如销售额、利润率等），全面评估培训效果。

（4）数据分析与反馈

进行数据分析与反馈。

① **智能分析**。利用 AI 的数据挖掘和机器学习算法，对采集到的数据进行深度分析，发现潜在的模式和趋势。例如，通过关联分析找出学员学习行为与工作绩效之间的关联。

② **可视化报告**。生成直观的数据可视化报告，帮助培训师和决策者快速了解培训效果。报告可以包括满意度雷达图、学习成果柱状图、行为改变趋势图以及组织绩效对比图等。

③ **反馈与改进**。根据数据分析结果，及时向培训师和学员提供反馈，指导他们进行针对性的改进。同时，将分析结果作为后续培训项目设计和优化的重要依据。

2. 数据采集与分析

AI 可以自动收集和分析学员的学习数据和行为模式，如完成课程的时长、测试成绩、反馈意见等。通过对这些数据的深度挖掘和分析，AI 可以全面了解学员的学习情况和表现，为培训师提供客观、准确的评估依据。

(1)腾讯课堂智能助教

①数据采集具体操作。

步骤一:在腾讯课堂平台上创建或导入培训课程,并启用智能助教功能。

步骤二:设置数据采集点,包括学员的登录情况、学习时长、互动次数、测试成绩等。

步骤三:智能助教将自动记录学员在学习过程中的各项数据,并存储在云端数据库中。

②数据分析具体操作。

步骤一:登录腾讯课堂,进入智能助教数据分析模块。

步骤二:选择需要分析的数据维度,如学员参与度、学习效果、课程受欢迎程度等。

步骤三:系统生成可视化报表,展示各项数据指标,培训师可据此评估培训效果,寻找潜在问题。

(2)蓝墨云班课

①数据采集具体操作。

步骤一:在蓝墨云班课平台上创建班级,并邀请学员加入。

步骤二:发布学习任务、测试、问卷调查等,并设置相应的数据采集项。

步骤三:学员完成任务后,系统自动收集相关数据,如答题情况、完成时间、反馈意见等。

②数据分析具体操作。

步骤一:登录蓝墨云班课,进入数据分析中心。

步骤二:选择需要分析的数据类型和时间段,如学员学习进度、成绩分布、课程满意度等。

步骤三：系统生成详细的数据报告，培训师可通过图表、表格等形式直观了解培训效果，有针对性地进行改进。

以上 AI 工具均提供了便捷的数据采集和强大的数据分析功能，有助于培训师全面了解学员的学习情况、评估培训效果，从而不断优化培训内容和方式，提升培训质量。

3. 持续优化与改进

基于数据分析结果，培训师可以及时调整和优化培训方案。例如，针对学员的薄弱环节进行教学设计，根据学员的学习进度和反馈调整课程内容和难度，为学员提供个性化的学习建议和路径等。此外，AI 还可以根据学员的需求和反馈对培训课程进行持续优化和改进，确保培训效果持续提升。

（1）腾讯课堂智能助教的优化与改进功能

培训师登录腾讯课堂，利用智能助教的数据分析功能，查看培训效果的关键指标，如学员参与度、完成率、测试成绩分布等。结合数据报告，识别培训中的亮点与不足，特别是学员表现差异较大的环节。可根据效果进行相关优化。

① **调整课程内容**。针对学员没掌握好的知识点，增加相应的讲解和练习。

② **优化教学方法**。对于参与度低的学习任务，尝试引入更多互动元素或调整教学节奏。

③ **个性化推荐**。利用智能助教的个性化推荐功能，为不同学习水平的学员推送差异化的学习资源。

（2）蓝墨云班课的优化与改进功能

培训师可以在蓝墨云班课查看详细的学习数据分析报告，包括学员的学习进度、作业完成情况、讨论参与度等。通过数据分析，识别学员的共性问题和学习难点。

① **针对性辅导**。对于表现较差的学员，设计专门的辅导计划，或提供一对一的在线答疑。

② **课程内容迭代**。根据学员反馈和学习效果，不断调整和优化课程内容，确保贴近学员实际需求。

③ **强化互动环节**。增加小组讨论、在线投票等互动活动，提高学员的参与度和学习兴趣。

这两款 AI 工具不仅提供了全面的数据分析支持，还能够帮助培训师根据分析结果精准优化培训方案，调整教学方法和评估工具等，不断提升培训效果和质量。

综上所述，运用 AI 工具实现柯氏四级培训效果数据的采集及分析需要明确目标、选择合适的工具、制定有效的采集策略、进行智能分析和反馈以及持续优化与迭代。通过这些措施，可以更加全面、准确地评估培训效果并推动培训工作持续改进。

AI 在培训师培训中的应用，不仅可以提升培训效率和质量，还可以实现培训过程的个性化和智能化。通过精准定位培训需求、智能推荐学习资源、开发互动式学习体验以及数据驱动的培训效果分析等途径，AI 可以为培训师提供强有力的支持。未来，随着 AI 技术的不断发展和完善，其在培训领域的应用将更加广泛和深入，为企业的持续发展和人才储备贡献更大的力量。

五、关于 AI 教学的答疑

疑问 1：AI 对于培训师的挑战是什么？

答：AI 工具的出现，对培训的挑战主要表现在以下两方面。一是培训内容的挑战，如果把培训的作用仅仅局限于信息或者知识的传播，将遇到巨大的挑战，很容易被 AI 替代。培训师必须提供 AI 无法替代的价值，把训练技能作为培训的核心价值，才有竞争力。二是培训方式的挑战，传统的"讲授式"培训方式将受到冲击。

AI 出现冲击的是培训师的"专家身份"，传统意义上的培训师基于"能者为师"，因为培训师比学员拥有更多的知识，所以才有资格当老师，但是 AI 的出现，打破了培训师"知识"的先进性，没有任何一个培训师能够与 AI 的知识储备相比，一旦学员掌握了 AI 工具，其知识量很快就会超过培训师。当台上的培训师还在侃侃而谈的时候，台下的学员可能已经通过 AI 掌握了比老师更多的知识，老师的"专家身份"必将受到挑战。

疑问 2：培训师如何借助 AI 教学？

答：第一，关于教学的内容。AI 对于培训师来讲，最大的价值就是可以快速高效地获取需要的知识和信息，这有助于提升培训师在"内容"方面的专业性，较快成为"内容专家"。所以，培训师一定要充分运用 AI，快速提升在某个领域的专业性。

第二，关于教学的方法。AI 各种工具和技术，可以帮助培训师提升教学技术，包括多样化的教学方式，丰富教学形式，提升教学效果。

未来大概有两类培训师，一类是不会用 AI 的培训师，一类是善于利用 AI 的培训师。因此，培训师一定要张开双臂，拥抱 AI。

疑问 3：请分享一个 AI+ 培训的案例，并归纳总结其使用的工具及亮点。

答：案例：清华大学利用独立研发的千亿参数大模型 GLM-4，开展八门课程试点工作。通过微调形成不同课程的垂直领域模型，开发专属的人工智能助教。

使用的工具：清华大学自主研发的 GLM-4 大模型。

亮点：该助教能实现范例生成、自动出题、答疑解惑、运算推理、评价引导等功能，极大地提升了教学效率和学习体验。

此案例展现了 AI 在教学垂直场景中的深度应用，为高等教育数字化转型提供了有力支持。

本章小结

1.学习要点

AI 在培训需求调研、培训课程开发、培训授课及培训效果分析等全过程中的应用，以及实用 AI 工具。

2.课后作业

①运用 AI 工具完成课程的互动式设计；

②根据培训目标构建输入指令，包括培训主题、目标学员的特征、预期的教学效果、时间安排等关键信息，生成一份培训大纲。